西南大学文学院青年教师学术论丛

重庆市社会科学规划项目：
郑君里：从"化妆室"到"摄影场"
（项目编号：2022BS100）的阶段性研究成果

文学论丛

郑君里评传

Zheng Junli:

A Critical Biography

从"化妆室"到"摄影场"

李君威 ◎著

北京大学出版社
PEKING UNIVERSITY PRESS

图书在版编目（CIP）数据

郑君里评传：从"化妆室"到"摄影场" / 李君威著 . —北京：北京大学出版社，2024.6. —（文学论丛）. —ISBN 978-7-301-35275-5

Ⅰ . K825.78

中国国家版本馆 CIP 数据核字第 2024UH4934 号

书　　　名	郑君里评传：从"化妆室"到"摄影场" ZHENG JUNLI PINGZHUAN: CONG "HUAZHUANG SHI" DAO "SHEYING CHANG"
著作责任者	李君威　著
策划编辑	李　哲
责任编辑	刘　虹
标准书号	ISBN 978-7-301-35275-5
出版发行	北京大学出版社
地　　　址	北京市海淀区成府路 205 号　100871
网　　　址	http://www.pup.cn　新浪微博：@ 北京大学出版社
电子邮箱	编辑部 pupwaiwen@pup.cn　　总编室 zpup@pup.cn
电　　　话	邮购部 010-62752015　发行部 010-62750672 编辑部 010-62759634
印　刷　者	三河市博文印刷有限公司
经　销　者	新华书店 880 毫米 ×1230 毫米　A5　10 印张　彩插 2　249 千字 2024 年 6 月第 1 版　2024 年 6 月第 1 次印刷
定　　　价	68.00 元

未经许可，不得以任何方式复制或抄袭本书之部分或全部内容。
版权所有，侵权必究
举报电话：010-62752024　电子邮箱：fd@pup.cn
图书如有印装质量问题，请与出版部联系，电话：010-62756370

"郑君里和陈燕燕的一张美的摄影"(《玲珑》1932年第79期)

"联华影星郑君里近照"(《天津商报画刊》1935年第21期)

"郑君里花圃散步"
(《联华画报》1935年第11期)

郑君里(右)、孙瑜(中)、宗由(左)三人(《北洋画报》1936年第1431期)

"费穆、郑君里向前看"（《联华画报》1936年第4期）

"郑君里先生近影"（《中华》1937年第56期）

郑君里一家在重庆

照片上的文字为郑君里所写:"一九四二携着牛儿(郑君里大儿子郑大畏的小名)迈上九百多级台阶的重庆纯阳洞。"

解放后,郑君里和田汉重访南国社正式成立后的社址日晖里(上海原法租界金神父路日晖里41号,今瑞金二路409弄内)

序

君威曾从我学,现在一起共事,相处十数年,知己知彼,亦师亦友,如今新著《郑君里评传》即将面世,邀我作序,义不容辞。

犹记当年,君威告诉我,他热爱创作,很想当(剧)作家,若能做学术,当教授也挺好。为此,我建议他研究富有创造力的艺术家,一则为了寻获创作之秘,二则为了做些学术训练。斟酌之后,君威选择郑君里先生作为研究对象。

人之相与,必有同好。我在研究华语电影传统时,非常追慕老上海的影人影事。我自己写过《洪深,赤子本色是书生》《孙瑜,老上海的银幕诗人》,君威写《郑君里评传》,实属一脉

2 郑君里评传：从"化妆室"到"摄影场"

相承。

  君威勤奋聪颖，与我志趣相近。所以，对于君威的写作，我几乎是放任自由的，只是为他推荐过一些书，比如：钱穆先生的《国史大纲》、陈寅恪先生的《柳如是别传》、陈白尘先生的《对人世的告别》等等。钱穆先生说，任何略知本国历史之国民，应对过往历史怀有温情与敬意，才不至于偏激虚无，将自身的错误和弱点诿卸于古人。我想，研究近现代先贤，也应该心怀恭敬吧。

  评传的写作，难在知人论世，贵在知人论史。郑君里先生是令人尊敬的电影艺术家，其艺术生涯复杂且具有时代特色。如今书成，可喜可贺。

  林庚先生在为陈贻焮先生的《杜甫评传》作序时说："《评传》之作，盖脱胎于诗话而取意于章回。"我把这句话转给君威，希望他今后学术、创作两开花。

刘宇清
2024年元旦

目　录

绪　论 …… 001

第一部 "南国"学艺的前前后后 …… 011
　　考取南国艺术学院 …… 013
　　"唯美主义和颓废派的毒" …… 025
　　诗歌和小说创作 …… 042

第二部 从"化妆室"初到"摄影场" …… 059
　　革命演剧 …… 061
　　"想演电影的志愿" …… 071
　　恋爱与身份问题：与"剧联"的一次疏离 …… 084

第三部　爱情与婚姻 …… 093

缘聚缘散："勇敢的老虎"与"标准丫头" …… 095

半生得此一知己："老虎"与"虎夫人" …… 108

第四部　从银幕明星到电影导演的漫长转型 …… 121

签订导演合同 …… 123

留沪与赴港：沪上影剧人的前两条路线 …… 136

西进—北上：沪上影剧人的第三条路线 …… 152

《民族万岁》与中国早期纪录电影的探索 …… 168

第五部　故事片创作与人生的落幕 …… 189

《一江春水向东流》的台前与幕后 …… 191

现实主义政治电影 …… 236

"你要回回炉了" …… 258

附　录 …… 269

1　中国左翼戏剧家联盟最近行动纲领 …… 271

2　抗战戏剧运动草案 …… 275

3　论抗战戏剧运动发展底不平衡 …… 283

参考文献 …… 290

绪 论

郑君里（1911—1969）是中国第二代导演，亦是南国社、摩登社、大道剧社和抗敌演剧队的代表人物，同时他还是一位演员、作家、戏剧理论家、表演理论家和翻译家。他历经中华民国和中华人民共和国两个时代，也经历了两种人生。在这两个时代与两种人生之间，他完成了从"化妆室"到"摄影场"，即从舞台演剧到银幕表演再到电影导演的三次转型。这既是他不断追求"为人生的艺术"与"建功立业"的结果，也是他的艺术活动、艺术实践不断走向深入的结果。

1928年，17岁的郑君里考入南国艺术学院戏剧科，由于年岁尚小，他并没有像当时南国社文人那般由"文学"而"革命"

再"文学"的经历，却也受到了田汉和整个南国艺术学院、南国社艺术氛围的深刻影响。他自然而然地接受了浪漫、唯美的纯艺术观念。这一时期，其诗歌和小说在诗境的生发、人物情绪的把握、故事的叙述、结构的建构等方面已经具备了"蒙太奇意识"。由此可见，郑君里走上导演之路，绝非偶然。一个懵懂少年在惶惑地开启人生的阶段，正如艺术的处子一般，以求真的姿态、以赤诚的情怀书写通往世界的本心。

转过20年代，短暂的"南国"求学生涯告终，随之而来的是国家和民族苦难的加深，这又使得郑君里告别了小说和诗歌的创作，在艺术上急转，走向革命演剧一途。可以说，郑君里、陈白尘、赵铭彝等人从"唯美的圈子"里挣脱出来，退出南国社，另组摩登社，转向时代革命的行动，是促使田汉30年代"向左转"的直接动因。这一时期，郑君里的艺术思想初步成型，即从唯美的纯艺术转向时代革命，而这种转向亦可视为其40年代走向现实主义创作道路的前奏。

1931年1月，中国左翼剧团联盟升格为中国左翼戏剧家联盟，选举产生以田汉为首的执行委员会，刘保罗负责总务，赵铭彝负责组织，郑君里负责宣传。由此，郑君里正式拉开革命演剧事业的序幕。1931年春，中国左翼戏剧家联盟改组以个人为单位，郑君里被解除"剧联"职务，开始组织大道剧社开展革命演剧活动，而大道剧社的解散，实际上为郑君里从"革命演剧"转向"银幕表演"提供了一个契机。"一·二八"事变后,时局稍稳,郑君里在赵丹等人的介绍下进入了联华影业公司,他的"想演电影的志愿"①终于得以实现。在与"联华"签约的五年间,他出演了不少优秀的默片,成为"联华"实力银幕小生,也为他赢得了"勇敢的老虎"的称号。可是,耽于恋爱、拍戏分神与"身份问题"使他与"剧联"的关系日渐疏远。他错过了本可在左翼电影大兴之年浓墨重彩一笔的机会。20世纪30代初,声片大潮席卷而来,郑君里"国语发音不标准"的劣势愈发显露出来,他萌生了"转型做导演的想法"。在声片取代默片的大势下,"联华"当局却因几次营业危机,在经营策略上不得不继续走"重视默片"的制片路线,加之"联华"公司购得的声片机器质量跟不上,都无形之中"延宕"了郑君里转型导演的进程。1937年,五年演员合同聘期结束后,郑君里没有续约,而是与"联华"正式签订了"特聘导演合同",可是,联华公司复杂的内部斗争和"七七事变"中日全面战争爆发又使得他的导演计划继续耽搁下去,而这也是一代影剧人的集体遭际。

日军全面侵华后,上海岌岌可危。"八·一三"战事一起,"留沪"和"赴港"就成了沪上影剧人最主要的两条行动路线,既没有选择留沪,也没有赴港的,是以郑君里为代表的第三条路

---

① 郑君里:《郑君里全集》(第八卷),上海:上海文化出版社,2016年,第211页。

线——"西进—北上"路线。当时武装起来的上海戏剧界,在话剧界救亡协会的主持之下,将上海的剧人加以战时的编配,组成十个救亡演剧队,郑君里所在的业余实验剧团被"话剧界救亡协会"一分为二,编成救亡演剧第三队、第四队离沪,郑君里任"救亡演剧第三队"队长。演剧队一路西进、北上,几乎穿越了大半个中国,由此开启了一段颠沛流离的"逃难"生涯。尔后他又进入"中制",拍摄大型抗战纪录片《民族万岁》,被纳入战时国家文化体制中去,这既是大时代之下郑君里的个人选择,也是国家和民族对他的召唤。应该说,纪录片《民族万岁》所使用的故事片的"戏剧化"手法与当时世界上最先进的纪录片理论实践形成了合流之势,这既是郑君里超前的理论认知,更是他勇于实践、结合自身表演长处,使理论"中国化"的结果。在这个意义上说,《民族万岁》堪称中国第一部现代纪录片,而郑君里,或也当得起中国现代纪录片之父的赞誉。

　　再回到沪上,已是八年之后,郑君里导演故事片的计划也被整整"延宕"了八年。1956年,《一江春水向东流》重映之际,郑君里在《人民日报》撰文《为什么拍摄〈一江春水向东流〉》,他在文中特别回顾了该片的拍摄初衷,即根据"沦陷夫人""抗战夫人""胜利夫人"这一因抗日战争造成的悲剧性社会现象所引发的"强烈的现实意义和戏剧性"出发,从理论上揭发"它底下的社会矛盾"。在经历了30年代艺术上的左转、抗日战争的"革命"历练,在全民族抗战胜利后,郑君里很自然地从唯美、浪漫主义艺术路径过渡到批判现实主义艺术路径。这以后,郑君里继续秉持着这一与时代紧密相连的创作方法前行,在"蒋家王朝"即将覆灭的时刻,又赶拍了政治意味更加浓厚的《乌鸦与麻雀》,该片既有给旧政权"送终"的意涵,同时也是一次向新政权的献礼行动。可以说,正是这部为新中国献礼的《乌鸦与麻雀》强化了艺术加政治的现实批判模式。

然而,脆弱的"现实主义",从来都有着"批判的现实主义"和"歌颂的现实主义"两副面孔,很容易从一端滑向另一端。在电影界,私营电影厂改造完成后,整个电影业被纳入国家政治文化体制中,加之前前后后的各种对知识分子的改造和批判运动,使电影界无可避免地从现实主义批判的一面迅速滑向政治歌颂的一面。1951年,《我们夫妇之间》遭到批判后,郑君里拍摄的影片不同程度地掺杂了大量的政治意识形态话语,他的现实主义观念也因此或主动或被动地进行了修改,先后拍摄了歌颂新中国城市改造计划(《人民的新杭州》),歌颂毛泽东思想防治血吸虫病所取得的巨大成就(《枯木逢春》),歌颂历史英雄人物(《宋景诗》《林则徐》)和革命英雄人物(《聂耳》),歌颂社会主义新人、歌颂知识分子改造运动(根据朝鲜话剧《红色宣传员》改编的《李善子》)等等现实主义政治电影。

在他生命的最后时刻,也许他也曾有过这样的困惑——缘何他一生所爱的电影,有时离他很近,有时又离他那么远——似乎是这一前一后两个时代云谲波诡的历史风云"迷住"了他的双眼,叫他看不到历史与人生的尽头,也看不清艺术与现实的本相。由此,本书试图提出和"回答"以下问题:

一、在人生的不同阶段、不同的社会背景、语境之下,郑君里的艺术观念、艺术思想是如何形成、转变的?又是如何反映在他的作品里的?

二、郑君里从银幕明星到电影导演的漫长转型,其中延宕的原因是什么?联华影业公司的几次营业危机与郑君里的转型有何关联?

三、孤岛时期沪上影剧人的三条路线是如何开展的?郑君里是如何从抗敌演剧队转入"中制"的?

四、纪录片《民族万岁》是如何开启中国早期纪录电影探索的?

五、一心向新政权靠拢的郑君里,如何在中华人民共和国成立后走上拍摄现实主义政治电影一途的?

六、中华民国和中华人民共和国两个时代对郑君里的艺术与人生到底意味着什么?如何看待他在1949年后艺术观的整体转向?以及如何看待郑君里的自我批判以及对师友的批判?

七、以郑君里为圆心,以两个时代为半径,能否窥测出一代电影人在不同历史时期的挣扎、选择与命运走向?

显然,要契合地"找到"上述问题的"答案",没有详实的史料支撑是很难令人信服的。所以本书的写作,依凭郑君里的"履历"(郑君里所作之《郑君里自编年表》)线索,倚靠"晚清民国期刊全文数据库""瀚堂近代报刊数据库""大成老旧刊全文数据库""抗日战争与近代中日关系文献数据平台""申报(1872—1949)全文数据库"等提供的大量原始文献,通过梳理《青青电影》《南国月刊》《开麦拉》《联华周报》《影戏年鉴》《抗战电影》《电声》《联合画报》《昆仑影讯》《大公报》《申报》等一手报刊研究资料,以其艺术与人生的实践作横向和纵向的考察,希图展示出一个与人们印象中"不太一样"的郑君里。

之所以说"不太一样",是因为本书的论说视点、方法与"前人"的研究有较大差异。这种差异首先体现在,以往有关郑君里的研究视角大多集中在"导演风格""导演技巧""表演特色""美学特征""艺术个性"以及在电影学界已有定论的"电影民族化"等方面,必须说,这些研究在相当程度上为郑君里的研究打开了视野。但是,这些研究也多将"郑君里研究"排除在整体性研究之外,没能从郑君里的艺术与人生的实践轨迹对其进行全面考察，这当然与叙述和研究策略有关。本书主动避开了上述论说视角，将郑君里的艺术与人生实践纳入整体性的研究范畴，深入郑君里的艺术与现实人生的细部，鸟瞰式扫描了诸多影人、剧人、文人的交往史，涉及民国的电影、都市、政治、经济、文化以及当时的思想观念与生活方式，以郑君里为圆心，以两个时代为半径，来考察一代电影人在不同时期的选择与命运走向。

本书采用大量原始期刊文献似有"野史"的嫌疑，像《电声》《青青电影》《电影新闻》《电星》等报纸杂志存在着大量的有关明星、影界的秘闻、花边新闻及飞短流长，这既与当时私人办刊的时代风气有关，也与当时的社会风尚有关，所载文章当然是真真假假、真假参半了。即便如此，如若将各家报刊所登消息对照来看，也是能看出真假的端倪来的。退一步说，谁又能说得清"正史"和"野史"哪一个更能抵近历史的原貌呢？不过，巧合的是，这部涉及了不少电影史论题的，由许多"野史"材料集合而成的《郑君里评传》，竟与主流话语叙述的中国电影史在不少地方颇能相互印证，其中的一些材料也能以现实的逻辑自洽。

郑君里曾说："在中国，只要你专攻某一部门，不出五年，你一定会成为那部门的专家。"① 他在"南国学艺"时广泛涉猎新文艺,创作的诗歌《叙利亚少年之歌》和小说《姑姑的爱人》在中国现代文学史上应有一席;他在银幕演剧时期,一心扑在演戏上,对表演有了深切体悟,成为"勇敢的老虎"②;他在抗战期间再艰难困苦也要研究戏剧理论,又使他成为"中国的史丹尼斯拉夫斯基"③;抗战结束以后,他专攻导演,成为中国第二代导演中大放异彩的一位。可是,截至目前竟然没有一部著作较为详细地对其艺术与人生展开论述,更没有一部《郑君里评传》,与同时代的孙瑜、蔡楚生、赵丹、袁牧之、石挥等人相比,实在有些冷清。本书若能为郑君里的研究添一块砖、加一块瓦,于笔者而言,已是进步。

---

① 高宇:《郑君里的艺术生活》,《人物杂志三年选集》,北京:人物杂志社,1949年,第256页。
② 萧丽卿:《导演群像:郑君里小史》,《青青电影》1949年第11期。
③ 高宇:《郑君里的艺术生活》,《人物杂志三年选集》,第257页。

第一部
"南国"学艺的前前后后

考取南国艺术学院

郑君里本名"郑仲陶,后曾改名郑重"[①],祖籍广东中山,1911年12月6日生于上海天潼路的一户水果摊贩人家。鸦片战争以后,中英五口通商,上海开埠,"粤人利用早先在上海经商的经验,以及在广州与洋人一口通商熟悉洋商的特殊条件"[②],大举迁沪。清人王韬所言的"沪地百货阗集,中外贸易惟凭通事

---

① 萧丽卿:《导演群像:郑君里小史》,《青青电影》1949年第11期。另,关于郑君里的原名,亦可参考《申报》1940年9月11日第14版《游艺界》栏目,《续影星原名》一文,作者为宝俊。该文亦指出,郑重原名郑仲陶。
② 刘正刚、乔素玲:《20世纪初旅沪粤人办学探析》,《广东史志》2000年第1期。

一言,半皆粤人为之,顷刻间,千金赤手可致"①,就是当时旅沪粤人的真实写照。而其中当然不乏混迹于洋行的买办商人、商贾巨富,亦有为数甚众、身无长物的平头百姓在这"十里洋场""冒险家的乐园"艰难谋生。郑君里的父母就是早年来上海谋生的穷苦百姓中的典型代表,他们以摆水果摊为生,属于城市贫民。"当时很多广东人在上海虹口天通庵路一带摆水果摊"②,靠经营一点儿水果生意营生。碰上不好的光景,动辄食不果腹的日子也是常有的。在1952年5月16日的《大公报》上,郑君里曾发表过一篇题为《我必须痛彻地改造自己》的自我批判文章,这篇文章离毛泽东在《人民日报》(1951年5月20日)发表社论《应该重视电影〈武训传〉的讨论》差不多已经过去一年,但是由《武训传》引发的大批判才刚刚开始。1952年5月,上海掀起文艺整风运动,此时郑君里刚在上海市人代会上以副主任委员的身份做了关于《我们夫妇之间》的检讨,旋即又被要求在香港的《大公报》撰文自我批判,郑君里从他的阶级根源检查起,他说:

  我是城市小商人家庭出身,我父母起先开一间小水果

---

① 王韬撰,沈恒春、杨其民标点:《瀛壖杂志》,上海:上海古籍出版社,1989年,第2页。
② 《我的父亲郑君里》,《三联生活周刊》2008年第9期。

店,不久就为大的水果行庄压垮了,我家庭只好借债度日。从小我就看到父母受高利贷压得喘不过气来,受亲戚债主们的辱骂。我看不过眼,曾屡次跟逼债的叔祖父和叔叔们冲突,他们怒斥我的"犯上",要我叩头认罪,我忍着眼泪做了。从此我就仇恨有钱人,心底里深深地埋藏着个人报复的观念。这里就种下了我的主导思想的胚胎——个人反抗,要争气,要出人头地的个人英雄思想。①

2008年,郑君里的儿子郑大里先生在接受《三联生活周刊》采访时,曾有过与上述"叩头事件"相类似的举例。他说:"有时到了年关,债主上门逼债,祖父要父亲替全家跪在堂屋里求债主宽限。"②可见,遭亲人折辱,被债主追债,"跪地求情"等屈辱经历不是发生一次两次的,好在郑君里的求学之路并未中断。

1917年至1919年间,郑君里在唐梦兰私塾就读,1920年转入广肇义学,即广肇公学,为旅沪粤人"专为教育同乡子弟而设"③。"教学设施主要有图书馆、实验室、书艺室、美术室、

---

① 郑君里:《郑君里全集》(第三卷),上海:上海文化出版社,2016年,第294页。
② 郑大里口述,李菁整理:《我的父亲郑君里》,《三联生活周刊》2008年第9期。
③ 刘正刚、乔素玲:《20世纪初旅沪粤人办学探析》,《广东史志》2000年第1期。

史地室、博物室、童子军室、操场、雨操场等。"[1]学校除了教授基本的文化课程以外,还开设了"国技科",由"精武体育会派员担任教授"[2]。

上海广肇公学在北四川路新校舍全图(《时报图画周刊》1923年第145号)

到了1926年,郑家艰难维持的水果生意被大的水果行压垮,父亲不得已去东北谋事,可是没多久便在东北失业返沪,继续操持简陋的水果生意,母亲则靠给大户人家帮佣挣一点儿零花钱。

---

[1] 刘正刚、乔素玲:《20世纪初旅沪粤人办学探析》,《广东史志》2000年第1期。
[2] 同上。门岿、张燕瑾主编《中华国粹大辞典》(国际文化出版公司1997年版)亦记载:"精武体育会为民间武术社团,原名精武体操学校,1909年6月创办于上海,由北方著名拳师霍元甲主持教习。"

郑君里从广肇公学毕业后，转入岭南中学，在冯玉仑、陈卓常（秋澄）两位老师的影响下，他开始对新文艺产生浓厚兴趣，继而接触到电影、小说、诗歌、戏剧等新文艺形式，对新文艺的痴迷使他把主要的精力全部用在新文艺的学习上来。譬如，研习余上沅的《戏剧论集》、郁达夫的小说等，他尤爱《少年维特之烦恼》《茵梦湖》①《泰戈尔集》《胡适文存》，其间也跟着茹枚、徐瑀两位老师热闹地搞过一阵电影。那里多是些粗浅的见识，但是却给了他不小的震撼。

读完小学和中学，家里实在无法拿出供他上学的费用，郑君里就这样辍学了。父母亲一直希望他中学毕业以后，考个当时还算吃香的"铁路"，谋得一个"铁饭碗"，也好为一贫如洗的家庭减轻些负担。可是他偏不，他在新文艺里见识到一些世面后，已经有了自己的主意，他是无论如何也不愿意在铁路上讨这一世的生活的。辍学之后，他猫在家里，"开始不要命地自学，晚上睡在一块板上，白天被子往里头一卷，就成了书桌，在那块板上写东西、做功课、看书……后来他在暨南大学争取到一个旁听的位子，同时开始自己翻译外国的表演理论……"②他通晓几门外

---

① 小说《茵梦湖》是德国作家特奥多尔·施笃姆的代表作，与歌德的《少年维特之烦恼》类似，都是伤情小说。1921年在中国出版了郭沫若译本，后陆续有梁玉春、巴金等人的译本。
② 黄晨口述，郑大里整理：《我和君里》，上海：上海文化出版社，2013年，第33页。

语的底子就是从那时起一点儿一点儿积累下的,这为他日后译介《演技六讲》《演员自我修养》等著作打下了坚实的基础。

童年郑君里(后排右一)与家人合影,前排右一为姐姐郑慧莲
(《郑君里全集·第八卷》)

1927年12月16日,辛酉剧社在上海的基督教青年会公演话剧《桃花源》,这部戏的原作者是日本剧作家武者小路实笃,由田汉翻译,阎折吾改作,朱穰丞导演,袁牧之主演。演出一时轰动,前来观看的既有像郁达夫、田汉、欧阳予倩、洪深这样的文坛名宿,也有不少热情高涨、像郑君里一般苦闷的学生。正是在

这次话剧公演的现场，郑君里见到了袁牧之、田汉、欧阳予倩等影剧界的前辈，使其萌生了投身戏剧的想法。没隔多久，投身戏剧的时机就来了，田汉艰难维持、处在风雨飘摇之中的"上海艺大"发生了著名的"抢夺校产事件"：1928年1月15日，原上海艺术大学校长周勤豪带领两个法国巡捕及一干爪牙前来闹事，抢夺"上海艺大"校产，尽数掳走教具、桌椅、床铺等。此前周勤豪因学校债务纠纷跑路，时任"上海艺大"文科主任的田汉由学生推举为新一任校长，这次"抢夺校产事件"实为周勤豪失权之后的流氓破坏行径。"抢夺校产事件"发生后，田汉随即召开了全体学生大会，向全体同学宣布："即日起，辞去'上海艺大'校长职务。同时宣布成立南国艺术学院……同学们愿意回'艺大'的听便；不愿回'艺大'的，欢迎到南国艺术学院来！"[①]

不久，南国艺术学院组建完毕，由徐悲鸿、欧阳予倩、田汉分任西画、戏剧、文学三科主任，面向社会招生。因为是私学，所以南国艺术学院在招生方面有很大的自主权，从其登出的招生广告可见一斑：

> 学院之创立，在与混乱时期的文学美术青年以紧切必要的指导，因以从事艺术之革命运动，今特招新生及插班生，

[①] 陈白尘：《少年行》，北京：生活·读书·新知三联书店，1988年，第174页。

文学、戏剧、绘画每科各二十人。毕业期限四年。另招特训班一班,此班学生但有天才,不论学历。毕业期限一年。并设奖金以待成绩特别优良者。报名从即日起二月十五号止。先填报名单,并缴报名费一元,保证金五元,相片、证书各一纸,面订考期。简章函索即寄。

院址上海法租界拉都路西西爱咸斯路三七一号。招生委员文科田汉,画科徐悲鸿,剧科欧阳予倩同启。①

很快(第二日),南国艺术学院修改了招生简章,将学制统统改为一年:

本学院之创立,在与混乱时期的文学美术青年以紧切必要的指导,因以从事艺术之革命运动,今特招新生及插班生,文学、绘画、戏剧各科各二十人,毕业期限一年,并设奖金以待成绩特别优良者,报名从即日起二月念七号止先填报名单,并缴报名费一元,保证金五元,相片、证书各一纸,面订考期,简章函索即寄,院址上海法租界拉都路西西爱咸斯路三七一号。

---

① 《南国艺术学院招生》,《申报》1928年1月31日第5版。

招生委员文科田汉,画科徐悲鸿,剧科欧阳予倩同启[①]

然而,直到报名截止,仍有不少学生求问报名事宜,于是田汉以南国艺术学院教务处的名义再次在《申报》上连续三日登出续招广告:

本学院开学将近一周而缄索简章者仍日必数起,兹特续招男女新生十五名,报名考试入学等手续于登报日起十日内了结之,无产青年之确有天才者仍与以特别便利,凡愿参加吾等在野的艺术运动者,集到兰旗下来!

南国艺术学院教务处启 (院址:法租界西爱咸斯路)[②]

郑君里早早就在报上看到招生消息,他无法掩饰内心的激动,想要把艺术的投名状纳到田汉的兰旗下,可父亲坚决不同意自己的儿子做"戏子",而且还跟上一个"赤党",随之父子俩爆发激烈争吵。老父"老泪纵横地跪在君里面前,劝他回头。君

[①] 《南国艺术学院招男女生》,《申报》1928年2月1日第6版,2月20日第3版,2月21日第5版,2月22日第5版。

[②] 《南国艺术学院续招男女生》,《申报》1928年3月2日第5版,3月3日第3版,3月4日第6版。

里也一膝盖跪下来,就是不肯答应,老父长叹一声,谁让我生了一个'牛崽'(君里的小名)呢?"①

南国艺术学院续招男女生广告(《申报》1928年3月2日第5版,3月3日第3版,3月4日第6版)

郑君里拗过父亲以后,兴奋地前去报名。南国艺术学院新招收的学生都是由"老生"陈白尘接待的,陈白尘此前是上海艺大的学生,"艺大"解散后,陈白尘追随田汉来到新组建的南国艺术学院继续学习。陈白尘接待报名时,一副老师的做派,郑君里对他毕恭毕敬的,他却忍笑不语。郑君里当时因为普通话不好又要坚持报戏剧科,遭到了陈白尘的"嫌弃"。陈白尘在自传《少年行》中对这段往事有过记述:

---

① 黄晨口述,郑大里整理:《我和君里》,第33页。

第一个来学院报名的是郑重，即郑君里。那时他是个十七八岁的青年，讲的是广东味的普通话，却要投考戏剧科，我心中颇不以为然。但我不能拒绝，便让他报了名。他当然不知道我是谁，便向我毕恭毕敬、再三再四地鞠躬敬礼，弄得我深为不安。当我填写报名费收据时忽然产生了一个念头：能不能让他知道他是第一个报名者？一犹豫，便把第一本收据簿拨开，拿出第二本来填写。这收据簿是编了号的，每本五十张，因此我填写给他的收据便不是1号而是51号了。他接了收据欣喜若狂地又向我一鞠躬，退步出去。立刻我又后悔：我不该骗这个青年！而且觉得这一行也颇有"野鸡大学"味道。

　　等到开学以后，郑君里自然明白我只是他的同学，而新报名的学生还不到五十人。但他当时并未提起此事。约莫十年以后，郑君里不仅当过电影明星，而且是电影导演了，并且和我同住在重庆张家花园13号时，才旧事重提，相与抚掌大笑，他恨不能收回对我的一再鞠躬。这个例子，也证明了田汉先生在野的私学之优越。即使在现在，郑君里去投考戏剧学院的表演系，他那口广东味的普通话，恐怕也是难于录取的！[①]

[①] 陈白尘：《少年行》，第178—179页。

1928年2月,郑君里参加了南国艺术学院戏剧科的考试,考场就设在欧阳予倩的家中,欧阳予倩任主考。考后,郑君里被戏剧科录取。报考南国艺术学院、投身演剧事业成为郑君里人生的第一个转折,他的艺术人生也由此正式拉开了序幕。

"唯美主义和颓废派的毒"

郑君里考取南国艺术学院后，家中的状况愈发地坏下去。父母原本的打算，是让君里中学毕业以后在铁路上谋得一份差事，改善一下家里窘迫的生活。可是他偏偏又不听话，非要跑去做他们口中的"戏子"。上海虽说已是摩登的城市了，也历经了各种新式思想和生活观念的洗礼，但是对一个靠经营水果摊营生的老人来说，学戏、唱戏那是官宦子弟、少爷小姐们消遣的玩意儿，终究还是不入流、不体面的，那不是本分人家该有的"出路"。

二老都已年迈，郑君里又是家中独子，他们五十多岁才生的他，老来得子，那可真是心头肉、手中宝，自然是要多宝贝有多宝贝。只是家里太穷，即便默许了他去学戏，他们也实在供不起他念书了，唯有再去举债。郑君里的28元学费还是临时借来的，与他一起报考戏剧科的好友陈秋澄不知在哪里弄了辆旧自行车给他代步用。

在新组建的南国艺术学院"新生"中，既包括原上海艺术大学的一批追随田汉而来的学生，如陈白尘、吴作人、刘菊庵（汝醴）、金德邻（金焰）、廖沫沙、唐淑明、陈凝秋（塞克）、阎折吾等二十余人，同时又招收了一批像郑重（郑君里）、裘怡园、陈秋澄等新学员，总数不过六十人。其中，戏剧科包括郑君里（郑重）在内总共八人：郑重、左明、陈凝秋、唐叔明、阎折吾、陈秋澄、裘怡园、王素[①]。据《南国艺术学院开学通告》[②]所载，南国艺术学院本是1928年2月24日开学，但因画室、小剧场尚未竣工，新生也仅到半数，所以开学当天没有请来宾观礼，只得将开学典礼延迟两日，于2月26日下午1点举行，2月27日正式开课。

以下为当时《申报》所载的开学典礼的盛况：

> 法租界西爱咸斯路三七一号南国艺术学院，已于二十六日正式举行开学礼，到会来宾，甚形踊跃，除该院教授徐悲鸿、欧阳予倩、徐志摩、洪深、陈宏、吴抱一、叶鼎洛、孙

---

① 郑君里：《郑君里自编年表》，《郑君里全集》（第八卷），第211页。
② 详见1928年2月26日《申报》，第5版。

师毅等而外,来宾如朱应鹏、傅彦长、王礼锡、邱代明、黄警顽、吴瑞燕、王泊生等数十余人,学生到会者约四十余人,首由院长田汉致开会辞,次报告该院创办经过,又次由徐悲鸿、吴抱一、沈亮、孙师毅相继演说,最后请王泊生君登台清唱,并就小舞剧场行开幕礼,更演《父归》一剧,是剧演员悉系上海艺大旧生,前曾在鱼龙会中表演一周,闻此次所演,系本诸菊池宽氏原著,照田汉氏原译本不加删裁,表演结果,亦甚满意云,又闻该院画室布置甚为精致,屋顶系用玻璃,光线至为充足,室中陈有徐氏名画数幅,观者无不赞赏不绝云。①

南国社时期的郑君里,1928年夏初摄于沪杭道中
后排从左至右:陈白尘、陈明中、赛克、郑君里;前排从左至右:唐叔明、左明、张慧灵、马宁(《郑君里全集·第一卷》)

---

① 《南国艺术学院行开学典礼》,《申报》1928年2月28日,第7版。

陈白尘在《少年行》中是这样描述当时南国艺术学院学生整体精神面貌的:

> 1928年3月起,荒凉的西爱咸斯路上突然多了一群生气勃勃的青年男女。他们或者长发披肩,高视阔步;或者低首行吟,旁若无人;或者背诵台词、自我欣赏;或者男女并肩,高谈阔论;他们大都袋中无钱,却怡然自得,做艺术家状。这就是我们南国艺术学院的学生,他们把上海的西爱咸斯路当作巴黎的拉丁区。①

文中所说的拉丁区就位于法国巴黎著名的塞纳河左岸,相比右岸的繁华,左岸就显得萧条许多。大批的法国艺术家特别是那些波希米亚的穷艺术家就聚居于此。开学不久,南国艺术学院的学生在老师田汉的带领下,前往戏院集体观摩了一部叫《情天血泪》的美片,说的正是塞纳河左岸波希米亚穷艺术家的故事。片中,一个纱厂女工爱上了一个住在巴黎拉丁区的波希米亚穷艺术家,这位穷困潦倒的艺术家的戏剧最终得以在戏院公演,而他心爱的女人却在他大获成功之时黯然死去,颇有些才子多情、佳人薄命的意味。与那位贫穷的波希米亚艺术家相比,前来观影的亦

---

① 陈白尘:《少年行》,第182—183页。

是十足穷困的青年艺术家,无疑,片中穷困而不失浪漫的波希米亚艺术家的形象切合了他们自身的处境,使他们在潜移默化中完成了一次与波希米亚艺术家的身份同构。所以,这部戏对于这群"醉心艺术的'无产青年'"来说,自然极有吸引力"[1]。因此他们"都以这些波希米亚艺术家自诩"[2],而视西爱咸斯路为他们的"拉丁区"了。这反映出的绝不单单是这群青年艺术家们追求自由、喜欢孤独和漂泊的天性,更多地透露出的是一代苦闷青年在大革命失败之后的失落、自嘲与自我放逐的底色。

陈白尘在自传中曾描述过这种彷徨无定的心绪:

> 1927年大革命的巨浪将我裹卷进去,革命退潮了,又将我摔在荒凉的海滩上,有如被弃婴儿,举目无亲……我彷徨歧途,不知往何处去。和当时大多数青年一样,在悲观失望,甚至在绝望的心情下,总要找个栖息灵魂之所。我,便钻进象牙之塔里,将养这受伤的灵魂。[3]

时局如此,田汉领导的一干"南国"文人又何尝不是"被1927年大革命裹进去又摔出来的人"呢?他们大多是先从事文艺

---

[1] 陈白尘:《少年行》,第183页。
[2] 同上。
[3] 同上书,第136页。

活动,革命起潮时转向革命,暂时搁置下自己的文艺事业,以为对四分五裂之中国有所改变,对国家亦有所贡献,可这群进步知识分子哪曾想到,这场轰轰烈烈的大革命最后竟以大肆屠杀共产党员及左翼知识分子收场,一前一后搞出两个国民政府,一个是武汉的"汪伪政权",一个是南京的"国民政府",各自为政,国家处于分崩离析的边缘。革命的落潮与彻底的失败使得这些知识分子心灰意冷,如同国家的"弃儿",他们能怎么办,只能复又捡起搁置下的文艺事业,将这心底的彷徨与失落以一种无意识的、自嘲的、自我放逐的方式,展现出来。

1931年7月20日,鲁迅先生于上海社会科学研究所发表了一篇题为《上海文艺之一瞥》[①]的讲演,在这篇讲演中,鲁迅先生讽刺了上述知识分子在革命高潮和低谷时彷徨无定的心态,他说:

> 在中国,去年的革命文学者与前年有点不同了。在前年他们是列宁,而去年来他们只要艺术。他们的两只脚原来站在两只船上,一只船是革命,一只船是艺术,当革命起来

[①] "本篇最初发表于一九三一年七月二十七日和八月三日上海《文艺新闻》第二十期和二十一期,收入《二心集》时,作者曾略加修改。"该条注释转引自《鲁迅选集》(第3卷),北京:人民文学出版社,1983年12月,第79页。

了的时候，他们就站牢在革命的船上，一当革命被压迫了，他们又跑向艺术的船上来。这同样也可以解释为什么最彻底的革命文学家叶灵凤先生会现在莫名其妙的成了民族主义文学家了。至于我好把叶灵凤举出来，那是因为他与我有点私仇，在以前，叶灵凤会彻底的革命得以至于每次去毛厕时都用了我的《呐喊》去揩污。①

平心而论，鲁迅先生的这番话明显是从一个欲加报复的攻击目标，扩大到了整个知识分子群体。当时新感觉派文人叶灵凤在其小说《穷愁的自传》里写道："照着老例，起身后我便将十二枚铜元从旧货摊上买来的一册《呐喊》撕下三页到露台上去大便。"② 对方叫板，鲁迅这才跟人打起了笔墨官司。然而他所指出的知识分子的"病根"固然不错，具有当时知识分子的典型性，但是这并不能作为"攻讦"因革命失败而失落的知识分子的工具。一场革命的失败必然导致知识分子群体的集体失落，孤独继而彷徨无依，这是人之常情。大革命的失败，鲁迅也曾有过因"呐喊"而"彷徨"的时刻，他的《彷徨》不独属于当时知识分子的"彷徨"，也自然是属于他自己的"彷徨"。

所以，那种国家"弃儿"般失落的、自我放逐的心绪，不仅

---

① 鲁迅：《上海文艺之一瞥（续）》，《文艺新闻》1931年第21期。
② 叶灵凤：《穷愁的自传》，《现代小说》1929年第2期。

使他们身体行动上表现出"波希米亚艺术家"式的气质,更重要的是使他们在身份认同上也把自己归于时代与国家的"弃儿",而在艺术实践方面则是以一种颓废的、漂泊的甚至是放逐的姿态表现出来。身份上的"弃儿意识",使得南国时期的艺术家们在精神上无法寻求皈依,唯有把全部的精力投身于理想化的艺术实践中,构建一个"艺术的乌托邦世界"[①]。

田汉作为南国社、南国艺术学院的领导者和精神领袖,在这一时期的艺术实践活动深刻地影响了南国社文人以及一批南国艺术学院的青年学生。在他的早期剧作中,"浪子的漂泊之旅就构成了主题的重要分子。在他整个20年代创作的二十多部话剧和电影中,有近一半是取材于作者所熟悉的青年知识分子及艺术家的漫游生活。"[②]之所以如此大范围地书写"青年知识分子及艺术家的漫游生活",其实与大革命的失败所造成的知识分子的精神断裂是分不开的。

譬如田汉在《南归》中以剧中角色"流浪者"的口吻写道:

啊,鞋啊!你破了,你破了,

---

① 参见葛飞《戏剧革命与都市漩涡:1930年代左翼剧运、剧人在上海》,北京:北京大学出版社,2008年。葛飞用"乌托邦"一词形容南国社的精神气质。

② 张军:《田汉的漂泊意识与南国社的波希米亚精神》,《戏剧艺术》2004年第1期。

> 我把你遗留在南方。
> 我跄跄地旧地重来,
> 你却在少女的枕边无恙。
> 我见了你,记起我旧日的游踪;
> 我见了你,触起我的心头的痛创。
> 我孤鸿似的鼓着残翼飞翔,
> 想觅一个地方把我的伤痕将养。
> 但人间,那有那种地方,那有那种地方?
> 我又要向遥遥无际的旅途流浪。
> 破鞋啊,我把你丢了又把你拾起,
> 珍宝似的向身上珍藏。
> 你可以伴着我的手杖和行囊,
> 慰我凄凉的旅况。
> 破鞋啊,何时我们同倒在路傍。
> 同被人家深深的埋葬?
> 鞋啊,我寂寞,我心伤。①

"想觅一个地方把我的伤痕将养",但是人间"那有那种地方,那有那种地方"?于是,流浪者不得不"又要向遥遥无际的

---

① 田汉:《南归》,《南国月刊》1929年第3期。

旅途流浪",最后流浪者发出"我寂寞,我心伤"的哀恸之音。如同一首吟游诗人的流浪之歌,田汉将大革命失败后的那种彷徨无着、有家"难归"的忧伤、寂寞的心绪在剧作中表露无遗。

独幕抒情剧《古潭的声音》最早发表在1928年12月9日《时报》第五版,自当月15日起,由南国社公演。1929年,田汉将修订的《古潭的声音》剧本发表在其主编的《南国月刊》第二期上。在这两版的剧本中,田汉把那种时刻彷徨、无处皈依的"弃儿"意识贯穿始终:

> 有一天晚上她坐在露台上很晚不睡,我上来劝她进屋睡觉,恐怕她受了凉要生病的。她说:"老太太,不要紧的。我什么也不好,可就是身体好。"娘说:"身体好也要晓得爱惜呀。"她说:"爱惜这身体有什么用处呢?"娘说:"孩子,你正在那里好好的用功,怎么又说出这样的话来了呢?你不也长跟着我的儿子说:'生命是短暂的,艺术是不朽'的吗?你要是不爱惜你的身体,怎么能够用短促的生命完成那不朽的艺术呢?"那孩子好像很伤感的说:"老太太呀,您知道我是一个漂泊惯了的女孩子,南边,北边;黄河,扬子江;那里不曾留过我的痕迹,可是那里也不会留过我的灵魂,我的灵魂好像随时随刻望着那山外的山,水外的水,世界外的世界。她刚到这一个世界,心里早已又做了到

另一个世界去的准备。我本想信先生的话,把艺术作寄托我灵魂的地方,可是我的灵魂告诉我连艺术的宫殿她也是住不惯的,她没有一刻子能安,她又要飞了,……"①

最后,诗人追随女孩子美瑛的脚步,投入古潭,几秒钟之后,从古潭里只传出"扑通"一声响,再无其他。生活的信念碎了,一众"南国"文人想拿艺术慰藉人生,以为如尼采所说的"真理是丑的,我们有了艺术,依靠它我们就不至毁于真理"②那般,把艺术当作一条退路。然而现实的情况是艺术也并不能"作寄托我灵魂的地方",胸中的不安犹如掩藏在心底里的巨石,时时刻刻都能把胸膛挤碎、压扁。也恰如鲁迅所说:"那时觉醒起来的知识分子的心情,是大抵热烈,然而悲凉的,即使寻到一点光明,'径一周三',却更分明地看见了周围的无涯际的黑暗。摄取来的异域营养又是'世纪末'的果汁……"③鲁迅所谓的"世纪末的果汁"便是当时一时间涌入国内的纷杂的艺术思潮。2000年《田汉全集》出版时,编者也曾引用过鲁迅的这段话分析田汉艺术思想的构成,文中说田汉在"如饥似渴地吮吸着来

---

① 田汉:《古潭的声音》,《南国月刊》1929年第2期。
② 尼采:《悲剧的诞生·尼采美学文选》,周国平译,北京:生活·读书·新知三联书店,1986年,第366页。
③ 鲁迅:《〈中国新文学大系〉小说二集序》,《鲁迅全集(第六卷)》,北京:人民文学出版社,1983年,第248页。

自异域的'世纪末'的果汁时,由于他那热烈然而悲凉的心情,自然很容易与那些'唯美''感伤''颓废'的情调产生某种'共鸣'"①。

田汉在《我们的自己批判》一文中说:"我对于社会运动和艺术运动持着两元的见解。即在社会运动方面很愿意为第四阶级而战,在艺术方面却仍保持着多量的艺术至上主义。"②他的"多量的艺术至上主义"即是当时颇为流行的"艺术至上论"。王尔德作为艺术至上论的始作俑者,在他那篇著名的《谎言的衰落》一文中说:"艺术除了自己以外从不表达任何东西。它过着一种独立的生活,正如思想那样,纯正地沿着自己的谱系延续。它在一个现实主义的时代里并无必要现实主义化,在一个宗教信仰的时代里也没必要精神至上化。它非但不该成为它的时代的产物,而且通常与时代直接对峙,它为我们所保存的唯一历史是它自己的进化史。"③在田汉的社会运动和艺术运动的二元论思想中,他主动将社会现实和艺术区隔开来,也即王尔德讲的艺术"非但不该成为它的时代的产物,而且通常与时代直接对峙",艺术和现实的关系不是现实主义的"反映和被反映"的关系,也

---

① 田汉:《田汉全集》(第一卷),石家庄:花山文艺出版社,2000年,第6页。
② 田汉:《我们的自己批判》,《南国月刊》1930年第1期。
③ 王尔德:《谎言的衰落:王尔德艺术批评文选》,南京:江苏教育出版社,2004年,第50—51页。

不是"艺术源于生活,而高于生活"的时代和社会的附属物。虽然田汉仍在艺术中不可避免地残留着少量的社会现实的因子,但他更向往的是纯艺术。由此,我们便能发现,田汉的"在艺术方面却仍保持着多量的艺术至上主义",其实正是承袭自王尔德的艺术至上的思想。这一点,几乎在田汉南国社时期所有的戏剧作品中都可以找到确证,甚至田汉所领导的南国社、南国艺术学院的学生都过着集体的"唯美主义式"的生活。比如前文提到的荒凉的西爱咸斯路上那群生气勃勃的青年男女,他们举手投足间都是一副流浪艺术家的做派,自诩什么西爱咸斯路上的波希米亚艺术家等等,表明他们无论是在艺术还是生活上,都在模仿或者践行着唯美主义的存在方式。

田汉(站立者左4)、洪深(左3)与南国社成员张曙、金焰、郑君里、康白珊、赵铭彝等(《田汉全集·第三卷》)

郑君里考上南国艺术学院时不过十七八岁，由于年岁尚小的缘故，他并没有像当时南国社文人那般由"文学"而"革命"再"文学"的经历，他从唐梦兰私塾、广肇公学、岭南中学毕业后，直接考入了南国艺术学院。可是，他在南国艺术学院学习期间，却深刻地受到了田汉和整个南国艺术学院艺术氛围的影响。正如当时彷徨无着的田汉以及大多数处于苦闷、迷茫的青年学生一样，他们此时受到的各类艺术思潮的影响也是相当芜杂的，唯美主义、感伤主义、颓废主义、虚无主义、浪漫主义一时间几乎同时向他涌来，而传统文人的"文以载道"思想也早融进他们的骨头里，这也是20世纪早期知识分子面临的极其相似的文化处境。

郑君里晚年曾回忆过唯美主义、颓废主义对其造成的影响。"文化大革命"期间，郑君里曾遭受批斗，他于狱中写就的《自编年表》中说，他在"南国"时期受到了田汉的所谓"唯美主义和颓废派的毒"[①]。郑君里在文章中批判、揭发自己的老师当然是由"文化大革命"残酷的政治环境造成的，那时阶级斗争、检举揭发成为政治生活的常态，个体完全丧失在全民集体疯狂的政治生活当中，整个国家和民族处于极其不正常的状态，而郑君里所写的"交代材料"，自然是属于上述情况造成的恶果。但是，

---

① 郑君里：《郑君里自编年表》，《郑君里全集》（第八卷），第211页。

若说那一时期郑君里是受到了"唯美主义和颓废派"的影响,在艺术创作上更倾向于艺术至上主义,大体是不错的。

  由田汉所创办的南国艺术学院,只短暂地维持了半年多时间,至1928年冬,南国社第一次公演,南国艺术学院正式停办[①]。1928年8月26日的《申报》,披露了众多案件,其中一个是关于田汉作保而被告人逃离,追究田汉责任的案件:"为被骗作保,而被告逃逸。闻原告系市党部,可否准予致函法巡捕房,免予追究保人负责案?(议决)不准。"[②]据后来田汉对司徒慧敏说,当时国民党大搞白色恐怖,其将被捕的共产党员身份的北大青年教授保释出狱后,因违反不准变更住址、不准离沪的原则,将其送上日本邮船,离沪赴日,于是其被追究"骗保"责任,被捕入狱。后经欧阳予倩请熟人帮忙,才被保释出来。[③]在田汉官司缠身、被捕入狱期间,租界当局派大批巡捕包围南国艺术学院,搜捕共产党,学院因此被迫停课。另据赵铭彝回忆,南国艺术学院办学经费紧缺,整个学院的开支来源于田汉先生的稿费、版税收入。学生大半免收学费,还有一些学生的食宿也由学院解决。两种因素叠加,导致南国艺术学院难以维系。南国艺术

[①] 赵铭彝:《回忆南国艺术学院》,《戏剧艺术》1979年增刊第1期。
[②] 《市指委会第三十五次常会》,《申报》1928年8月26日,第17版。
[③] 司徒慧敏:《历尽坎坷不惜身——追怀田汉同志》,《电影艺术》1979年第3期。

学院停办后,"继而恢复南国社,并扩大其组织。"[1] 由此,多数肄业的学员转入南国社,郑君里就是其中一员。

其实,无论是南国社还是南国艺术学院,艺术理念多受到唯美主义艺术至上论的影响,唯美、忧郁、颓废、感伤,具有浓郁的波希米亚风格,缺少一种革命战斗精神。在艺术方面,既无法像创造社那样提倡革命文学,大声喊出无产阶级文学的口号,也无法像艺术理念更加激进的太阳社那般,旗帜鲜明地树起革命文学的大旗,与革命、救国的时代精神格格不入。因此,随着国内形势的恶化,南国社内部也蕴藏着两种分裂的因子,一种是象牙塔式的,埋首于艺术的世界之中,一种是响应时代革命的呼唤,

1930年,摩登社合影,前排左三为郑君里(《郑君里全集·第一卷》)

---

[1] 《中国剧作家概论》,《东方杂志》1943年第30期。

充满力量感的斗争。要革命的文艺还是要唯美的艺术？1929年秋，南国社社员左明、赵铭彝、陈明中、陈万里、陈白尘、郑重（郑君里）、姜敬舆、陈凝秋（赛克）、萧崇素、许德佑和吴湄等以脱离南国社，另组摩登社的行动，给出了答案。

脱离南国社后，摩登社正式打出了"学校戏剧运动"的口号[1]，活跃于各校社团之间，以便宣传和开展学生运动。摩登社所发起的学校戏剧运动很快得到了中共地下党的支持。大革命失败后，蒋介石对共产党和一些左翼激进知识分子的态度急转直下，大肆屠杀与迫害，在这样的情势下，新组建的摩登社很容易倒向弱势和备受知识分子同情的共产党一边，文艺上急骤"左倾"。很快，摩登社就成为"上海反帝同盟的一个群众团体，直接由反帝同盟闸北区部领导"[2]。像郑君里、左明、陈明中、陈白尘、赵铭彝等人当时都是田汉执掌的南国艺术学院的学生，这帮经由田汉一手培养起来的学生开始反对他，他们脱离南国社，另组摩登社的行动自然给了田汉不小的震动。可以这么说，郑君里等人的转向在一定程度上构成了田汉文艺左转的动因。

---

[1] 赵铭彝：《左翼戏剧家联盟是怎样组成的》，《新文学史料》1978年第1期。

[2] 同上。

诗歌和小说创作

　　1929年夏，南国社在上海宁波同乡会演出了洪深导演的王尔德戏剧《莎乐美》（独幕剧），金焰演叙利亚少年，郑君里与张曙同演小兵，这也是郑君里有生以来第一次登台演出。不久后，南国社第二次赴京演出，"饰演男主角约翰的陈凝秋因事不能上台，于是由金焰担任这一角色，而叙利亚少年一角便由当时尚名郑重的郑君里来担任"。[①] 有了一次舞台演出经验后，郑君里情感极其饱满地演绎了《莎乐美》剧中的那个叙利亚少年（军官）角色。演出结束后，郑君里不能平复内心的波澜，仿若

---

① 凌鹤：《世界电影明星评传：中国之部（二）：金焰》，《中华》1937年第51期。

仍在戏中，久久无法跳脱出来。于是，他倾尽情感，化身为那个卑微地爱着莎乐美而受辱自杀的叙利亚少年，他因而写下了一首诗歌——《叙利亚少年之歌》，倾诉衷肠。在光华书局1927年出版的徐葆炎译本《莎乐美》中，直接将叙利亚青年军官译作"叙利亚少年"，而且该版本早于摩登社1929年《莎乐美》的公演时间，所以当时公演的剧本很可能就是此译本或者据此译本的改本，但也不排除其他译本或改本。为了更接近当时《莎乐美》的舞台演出原貌，还原郑君里饰演"叙利亚少年"一角时的心理状态、演出后的内心感受以及该诗对其日后创作的影响，在这里笔者将采用徐葆炎1927年光华书局译本做对照分析，以期达到比较理想的效果。《叙利亚少年之歌》发表在1929年8月的《南国周刊》第3期上，发表时郑君里尚名郑重，以下为该诗全文：

小白鸽儿迷茫地在跃动，
银花①的影子随着流香漫颤她的灵魂；
红与黑飘来的一片啊！
我朦胧地瞥见公主站在我的跟前。

---

① 笔者按：在徐葆炎1927年《莎乐美》的译本中，银花既指月亮也指莎乐美，在这里银花指月亮。

月亮照耀着纳亚曼①的闪颤的刀锋，
月亮也照耀着公主——你的素手……
我终于无力地跪下来了，
让想象去占夺刀铓边旁的淡影。

一位年轻武士②的血应该是多么的红啊！
但——甚至红死了的月亮也遮没不了您火红的声音：
"……明天经过桥边的时候，英勇的纳拉博斯③……
……我，我一定丢一朵小小的绿花给你！……"

但是，只有这一朵将待您的血唇吻开的绿蕾，
只有那一阵将从您的颊靥散播出来的笑晕，
现在，现在您的果子完全属于这位先知的了！
我无言地收拾了我的形骸归去……归去！

仅仅在这一天啊，你让我的血泊流到你的身旁……
虽然并没有染迹到您的白鸽儿般的胸脯上，

---

① 笔者按：刽子手，一个高大的黑奴，徐葆炎译本中名为纳亚曼。弟弟篡夺王位后，将哥哥关在深井的水牢中，后命令纳亚曼将其绞死。
② 笔者按：指《莎乐美》中那位爱上莎乐美而自杀的年轻的叙利亚少年，他是宫中的卫队长。
③ 笔者按：指叙利亚少年。

虽然它所能缠绕着的只是您的玉趾,
虽然,在那一刻子啊,我已经完全死去!啊!死去?

月落,疲困地离壳的孤魂徜徉于幻想的桥边,
永远地我私向将逝的东风独语:
"有一天吧,你们从巴比伦的城堡归来,
请把公主的鬓边——指际的花朵吹掉!"

那泛溢的幽香已从您的唇尖泄尽了,公主!
您也把您的尸身委弃于那巍峨的高台。
虽然那小小的绿花并没有为我而开啊!
但我何忍看见您从那悬绝的生命的高台憔悴地降下!

小白鸽儿迷茫地跃动,
银花的影子随着流香漫颤她的灵魂;
红与黑飘来的一片啊!
我朦胧地瞥见公主经过我的跟前。①

——演《莎乐美》后

---

① 郑重:《叙利亚少年之歌》,《南国周刊》1929年第3期。

郑君里在话剧《莎乐美》中叙利亚少年的造型，化妆师辛汉文、摄影者吴印咸。1930年，郑君里初入影坛时，这张照片被送往友联影片公司，照片上的批注为郑君里1949年后题写。图片由郑大里先生提供。

短诗起首的四句从朦胧的幻影开始写起，连续用了两个意象，一个是"小白鸽儿"，一个是"银花"。在《莎乐美》剧本中，共有四个关于鸽子的比喻，一是莎乐美将先知约翰的红唇比作鸽子的脚；二是叙利亚少年将莎乐美的纤纤细脚比作鸽子的脚；三是叙利亚少年将莎乐美细小的白手比作白鸽；四是将莎乐美比作迷途的鸽子。在《叙利亚少年之歌》中，郑君里以诗的形式为该剧补充了一个比喻，联系到第五段，"白鸽儿般的胸脯上"，可知郑诗的"白鸽儿"指的是莎乐美的乳房；"银花"的意象在《莎乐美》中有时指月亮,有时也指莎乐美。可是,这两个象征美好的意象却在郑诗的第三句"红与黑飘来的一片"中蒙上一层阴影,因为在那天的宴席前后,人们不断听到死神振翅的声音,预兆了不祥之事即将发生,最终月亮被一团黑云遮住,而当天便发生了血光之灾。

再从结构上看起首的四句,第一句,郑君里从远处的莎乐美朦朦胧胧的小白鸽儿一样的乳房开始写起,第二句与其说是银花(月亮)的影子漫颤进了她的灵魂,不如说叙利亚少年抬头仰望月亮之时,看到了莎乐美与月影叠印在了一起。第四句,倏然之间,莎乐美由远而近,如同切换了镜头一样,那月影里的莎乐美翩然出现在他的面前,而这却不过是叙利亚少年的想象。足见叙利亚少年爱莎乐美爱得卑微,爱她爱在了幻影里。

接着,第二段又是一阵刀光血影,暗示了死神振翅之后三个人的死亡。第三段迎来了第一位死神,那是叙利亚少年自己的死神。莎乐美向叙利亚少年许诺,如果他把先知从囚困的深井中带上来,那么她明天就会"掷一朵小花儿"给他,"一朵小小的绿色的花",然后再望他一望,朝他微笑。在这样的甜蜜的诱惑下,叙利亚少年命令三个兵士,把先知从井里放出来。可是,悲剧的种子也因此种下了。莎乐美迷上了先知的身体,如同被施下诅咒一般疯狂起来。她不断对先知约翰说:"我要亲你的嘴,约翰。我要亲你的嘴！"①叙利亚少年不能忍受了，也许他是出于嫉妒，抑或是失望，当莎乐美又说了一句"我要亲你的嘴，约翰"。②叙利亚少年的爱情彻底幻灭了，他绝望了。于是，他在该诗的第四段说出："现在，现在您的果子完全属于这位先知的了！我无言地收拾了我的形骸归去……归去"！③ 紧接着，叙利亚少年在羞愤与悲恸之下拔剑自杀了。他在第一天见到莎乐美就为她的美貌诱惑而自杀了！

于是，在第五段，叙利亚少年倒在了莎乐美与约翰之间。他的血流到了莎乐美的身旁、缠绕在她的玉趾中间，他终于没有得到她那白鸽儿一样的乳房，他死去了。可是直到死去之前的那一刻，他都未觉出那是真的死去了，还在第六段盼望着当莎乐美公主经过那个约定的桥头之时，抛下一朵她耳畔的花给他！

第七段，莎乐美在砍下先知约翰的头后，端起银盘，终于吻到了约翰的唇。她说："啊！已经亲了你的嘴了，约翰，我已经亲了你的嘴了。你的嘴唇上面，有一种苦的味道。那是血的味道吗？……那或者是恋爱的味道。……有些人说恋爱有一种苦的味道。……但是那有什么要紧呢？那有什么关系呢？我已经亲了你

---

① 淮尔特：《莎乐美》，徐葆炎译，上海：光华书局，1927年，第48页。
② 同上书，第49页。
③ 郑重：《叙利亚少年之歌》，《南国周刊》1929年第3期。

的嘴了，约翰。"①她说下这番话后，旋即被犹太王希律下令处死。于是，画面一转，在垂死前的一刻，叙利亚少年在幻影中看到了他美丽的莎乐美命丧于高台之上。

尾段，那个死掉的叙利亚少年也许是在自己的回魂之夜，还沉浸在小白鸽儿迷茫跃动的幻影里，那月影随着流香漫颤进莎乐美的灵魂里。她的身体与月影叠印在一起，成了月的光辉。此时，首尾段的重复，既加深了叙利亚少年对莎乐美的爱之深与情之切，同时也表明叙利亚少年死得"糊涂"，而这分糊涂之爱与莎乐美对先知约翰的"糊涂之爱"又是对等的。莎乐美在死前捧着先知约翰的头不是在说吗："这是爱的滋味。他们说爱是苦的⋯⋯但管他什么？管他什么。我已吻过你的嘴。"正是这分至上的、执念的，甚至是错乱的爱才使得王尔德的《莎乐美》这般迷人，而郑君里的《叙利亚少年之歌》又是这般的精妙绝伦。至此，该诗形成了一个完整的具有叙事意义的回环结构，如同一个经过精心剪辑的电影段落，将《莎乐美》的起承转合都浓缩在一首短诗之中。

《叙利亚少年之歌》在用词上，如"流香漫颤她的灵魂""血唇吻开的花蕾""颊靥散播出来的笑晕""疲困地离壳的孤魂"以及在"小白鸽儿""银花"等意象的使用上极尽唯

---

① 淮尔特：《莎乐美》，徐葆炎译，第132页。

美之能事，这都表明青年时代的郑君里在行文上的考究，对感伤的、颓废的、极致浪漫的诗境的追求。在艺术至上论者眼中，对美感的忠实与日常道德无涉，他们从不会用现实主义的姿态对不道德的美加以批判，这也是唯美主义、艺术至上论者与现实主义论者在美学追求上的一个分野。

《叙利亚少年之歌》虽然很短，但就是这样的一首短诗，显现出18岁的郑君里超乎寻常的叙事天赋，或者说他的文字里天生就有一种画面感，一种蒙太奇的镜头思维、结构意识以及建构诗境的能力，而这点在他17岁创作的短篇小说《姑姑的爱人》中，体现得更加明显。

《摩登》创刊号封面要目

1928年12月,小说《姑姑的爱人》修改完成,刊于1929年《摩登》杂志创刊号。《摩登》杂志是摩登社的机关刊物,由原南国社一部分成员组织该刊的组稿、印刷和发行。"文化大革命"初期,郑君里在冤狱中写的《郑君里自编年表》中有过对这篇小说的评价,他自己说这是一篇"坏作品"[①]。

在"文化大革命"的政治语境之下,任何处于政治审美标准原则之外的作品自然都是"坏作品",而且当时正在大张旗鼓地开展清理20世纪30年代"文艺黑线"运动,而所谓"文艺黑线"的"老头子""领导者"正是郑君里的老师田汉,自然这篇带有颓废色彩的唯美主义作品不会是什么好作品。可是放在今天来看,这篇即使创作于20世纪20年代的小说仍然没有过时,甚至仍可视为带有某种探索意味的先锋小说,而且语言之精妙,叙述之传神,情感之细腻,为现代小说少见,在现代中国文学史上应有一席。

郑君里早期创作受歌德影响很深,《姑姑的爱人》中杏荪之于"姑姑"的情感,恰如《少年维特之烦恼》中维特对绿蒂的情感,充满着青春、惶惑、浓烈、颓废与不安的气息。

《姑姑的爱人》主要讲述了一对青年男女不清不楚的爱情故事。文中并没有很清楚地交代杏荪和他所爱上的这位"姑姑"

---

① 郑君里:《郑君里自编年表》,《郑君里全集》(第八卷),第212页。

的真实关系,杏荪在与"姑姑"有了肌肤之亲以后,"姑姑"懊悔地对他说:"杏荪!我的弟弟!您去罢,以后不敢在光明里见您了!您是我最亲爱的弟弟,您是我仅有的爱人!但他们说您是我哥哥的儿子——我的侄儿!咳!在您不十分爱我,我还不十分爱您以前,就此离开我罢。"①据此推断,男主人公杏荪爱上的"姑姑"正是他"叔叔"的妹妹,而杏荪似乎是这位"叔叔"的私生子。小说正是从杏荪与"姑姑"有过肌肤之亲后的那次分手写起的,它既可以看做是小说的开头,又可视作小说的结尾,而这也是小说在叙事结构上的迷人之处。小说是以这样充满镜头感的段落开头的:

从那紧闭着的窗门望出去,一眼便看见那挺直的电线在满染着尘迹和雨泪的凹凸不匀的玻璃片上,映出左冲右突很强的曲线,他顺眼瞅了一下那蔚蓝的天幕,……

"啊!你瞧那群鸽子多好看!"——仿佛是少女的音调。

此时他方才稍宁的心弦又震抖了一下,"她仍然是在天井里吗?"当他听见了她的话的时候这样地疑问自己。大约鸽子已经飞到家里的时候,他才推开了窗门,似乎是已经

---

① 郑重:《姑姑的爱人》,《摩登》1929年第1期。

忘怀了这种惹人喜欢的鸽子，瞅也不瞅一下，他连忙往下定神一看，果然她又在天井里了。她在抱着那才学行路的小侄女，带笑带嚷地脸朝她逗她笑。小孩子果然笑了，她便很喜欢地把脸靠近小脸，乱吻她的小红颊。她从小孩的脖部抬起头来，偶然眼角扬起到上面。大概她一定又是发觉他从上面倚着窗槛地俯瞰下来罢，便沉下脸来——在抱的孩子倒一呆子——她很快地穿进屋里面去，极不快意地乒声拉上了门。那时除掉门上的玻璃因抖震而啸出的呻吟外，他只见眼前映着一片凄凉的浮动。他便像失掉灵魂般缩进头来。眼瞪瞪地前望着，眼球一阵阵地模糊，好像幻见着整百的晶莹的蝌蚪在里面潜泳着般。①

此时的杏荪已经和"姑姑"分手了，当他再像以往那般偷视她而被"抓到"时，再没以前那般眉目传情的曼妙体验了，取而代之的是"姑姑"做出的一番讨厌的样子，展示出强烈的反抗与排斥的姿态。杏荪的内心痛苦万分，他"却不敢闭一刹眼，生怕眼睑下孕着的泪珠儿又会因被压碎而下泄了。"②接下来，郑君里对杏荪失恋后的描述可谓入木三分，沁人肌骨：

---

① 郑重：《姑姑的爱人》，《摩登》1929年第1期。
② 同上。

他早要流泪了,但又顾虑到此时坐在自己后面看书的叔叔会奇怪他这种举动。他勉强咽下阵阵从喉间冲上的逆气,回想她刚才所表示的断然态度,气都不敢透出一口来。谁知此时自己的眼帘因为太难过而很本能地一刹动的时候,泪苞果真裂了,泪花点滴地溜泻下到桌上的素纸上面。忽然他又想起房里有人,恐怕在看着的书的叔叔——也就是她的哥哥——会察觉了。他便从袋里掏出手帕来,很虚伪地先把嘴唇拭了一下,才迟迟地移上眼边来,又很慌张地回望一下,然后再很迅急地把眼围润干了。他渐渐地颓然坐下,瞥见自己的眼珠莹莹地泛在素纸上。同时他脑海里一闪,他把那纸谨慎地送到唇边,连忙把那泪行饮下。"也好,"他想:"幸而没有给风姨吹冷。"末一字还没有想起,他又觉得自己的眼睛又热起来了。①

而后,小说便转入到对往昔的追忆了。追忆是从杏荪向"姑姑"表露心旌开始的。姑姑却故意使"小话儿"揶揄他,她说:"杏荪,您以为我是这样的一个吗?咳!太误解我了。"②原来,"姑姑"一直以为杏荪与自己的妹妹交好。难怪她之前对他

---

① 郑重:《姑姑的爱人》,《摩登》1929年第1期。
② 同上。

的窥视有些光火呢，以为他是一个多情男子，霸着妹妹，又想着她。杏荪听明白话音儿后一副信誓旦旦的样子自证清白，他说："怪事！伊对您说的吗？请您去请伊来。好！我倒要请教明白。咳！您还不能相信我吗？"①原本"姑姑"对他的举目传情已经心旌荡漾了，再加上他此刻如此坚定地要与妹妹对质，至此二人彻底把话说开了，亦知晓了彼此的心意。可是，当他们真正完成了一步步的接近与试探，短暂地拥有过彼此的爱情后，旋即爱的甜蜜、苦恼与忧伤就被现实的伦理驱散了，"姑姑"不愿再见到他，哪怕他们依旧彼此相爱，以下是二人分手时的对话：

"杏荪！我的弟弟！您去罢，以后我不敢在光明里见您了！您是我最亲爱的弟弟，您是我仅有的爱人！但他们说您是我哥哥的儿子——我的侄儿！咳！在您不十分爱我、我还不十分爱您以前，就此离开我罢。您没有勇气吗？更进一步，到我们完全不能够离别的时候，我……我便要嫁人了，您便要娶妻了。那时候，您便怎么样？那时候，您和我都能殉我们的爱，那么未始不是一种继续我们现在的爱的唯一的方法。但是您和我都是只爱哭的弱者：我之不能信任您，亦如我之不能信任我自己的一般。而且，人是应该有前途的，

---

① 郑重：《姑姑的爱人》，《摩登》1929年第1期。

每种前途的希望常常像游丝闪着光明般在我们目前闪耀。我们不能自弃,我以后也不愿意在这种偏狭的地方来消磨我们的少壮。所以现在我请您:你走,以后不要见我,我这样地至诚求你。——但是,在你,你以为除了以上的办法外,更有一条最好的办法,我们私奔!不能,那可不能!我决不能离开我母亲一步。告诉你罢,我爱我母亲和我爱我前途当然比爱你还利害得多了。倘若现在就是我决定我将来的命运的时候,那么我便无疑地舍了你了。我不能为你而失却我的母亲,也不能为你而放弃我的前途,更不能为你而把我的母亲和前途都丢掉!同时,我爱你,我也不能让你如此。我以为我们这样地继续恋爱下去是会永伤你我的手腕的!什么都完了,走罢!趁在黑暗中走罢!"

"我不能允许你,最少你一定允许我常常来看你。姑姑!——不,你是我的姐姐,亲爱而又严肃的姐姐!若是你知道我的苦闷的时候,你必允许我常常来看你的。"

"不,不能!除非到了我母亲死了以后,除非在我们得着我们的'光明'以后。我请你走,你走!听!妹妹快要上来了,怎么才好?!我要叫了!!"

"好!算了罢!姐姐!……"——这是最后的一声。[①]

---

① 郑重:《姑姑的爱人》,《摩登》1929年第1期。

正是这种把结尾嵌入开头的结构形式使文本内生出了一种悲伤的情绪，而这种悲伤感又如同人体的内循环，必将持续而永久地在杏荪与"姑姑"的体内循环流动下去，直至身体衰朽、记忆消散。

这一时期的郑君里，正式开启了他的演剧之路，先后演出了《莎乐美》《火的跳舞》《小偷》《爱与妒》《乞丐与国王》《卡门》等戏。同时他也将目光短暂地停留在文学上，先后创作出诗歌《叙利亚少年之歌》和小说《姑姑的爱人》，这也成了他人生路上的一个多彩剪影，弥足珍贵。从《叙利亚少年之歌》和《姑姑的爱人》这两篇作品，可以看出其在诗境的生发、人物情绪的拿捏、故事的叙述、结构的建立等方面已经具备"蒙太奇意识"，所以，郑君里最终走向电影导演之路绝非偶然。无论是短诗《叙利亚少年之歌》还是小说《姑姑的爱人》都流动着美的光晕，是青年时代的郑君里对极致美的向往和对纯艺术的追求。这当然与当时所流行的唯美主义思潮和南国文人所处的文艺圈子不无关系，因为整个"南国"就像一个收容时代失意者的安身之所，这里有的是酒，不怕你饮不醉。而这处处弥漫着悲伤和唯美的气息的"南国"，只不过是一个暂时的避风港，时代的洪流把它推向哪里，它就到哪里。在这以后，郑君里一生之中再无这般唯美浪漫的作品留于世间。他和多数南国文人一样，从那个惹人迷醉的"南国"抽身,从唯美走向革命,继而从"化妆室"进入"摄影场",随着时代的波涛向前,和当时多数知识分子一起,选择与民族和国家的命运紧紧地咬合在一起。

第二部
从"化妆室"初到"摄影场"

革命演剧

　　1929年冬,摩登社借道南通的赵子超戏院演出《悭吝人》《父归》等戏。实际上,这次公演活动是由南通地下党特别安排的,为了配合摩登社,由中共地下党直接领导的艺术剧社也派员参加了此次演出。[①]赵子超是赵丹的父亲,在南通经营戏院,为人十分慷慨,喜欢结交一些志同道合的文艺界人士,曾资助儿子和几个爱演戏的青年成立"小小剧社"[②],所以对此次摩登社借

---

① 赵铭彝:《左翼戏剧家联盟是怎样组成的》,《新文学史料》1978年第1期。
② 戏剧团体。1929年成立于江苏南通,成员有赵丹、顾而已、钱千里、朱今明等。因人少,年龄小,故名"小小"。演出过《小小画家》《葡萄仙子》《国民魂》《艺术家》等话剧。

道演出表现得十分热情。正是这次演出，郑君里结识了比他小几岁的赵丹。

1930年3月20日，在上海浓厚的革命气氛下，田汉发表了《我们的自己批判》①的长文，在艺术与政治立场上"宣告左转"。随后不久，南国社被查封。郑君里在南国社师友的影响下，转入左翼文艺阵营，"从唯美的圈子脱出来，倾向革命"②。由此，郑君里正式拉开了革命演剧事业的序幕。1931年1月，"中国左翼剧团联盟"升格为"中国左翼戏剧家联盟"（"剧联"），选举产生以田汉为首的执行委员会，刘保罗负责总务，赵铭彝负责组织，郑君里负责宣传。③紧接着，1931年春，"剧联"改组以个人为单位，郑君里解除"剧联"职务，开始组织"大道剧社"。大道剧社的主要成员有：郑君里、刘保罗、赵铭彝、朱光、严僧、周伯勋、胡萍等人。在上海各高校演出《街头人》与《小偷》（《梁上君子》）等戏后，郑君里与赵铭彝到南通，成立"剧联"分盟，帮助赵丹的"小小剧社"排演戏剧。

这一时期，郑君里把主要精力放在"剧联"事务和组织剧社在上海各学校串联演出上，实际并没什么特别的收入，甚至温

---

① 田汉：《我们的自己批判》，《南国月刊》1930年第1期。
② 郑君里：《郑君里全集》（第三卷），第294页。
③ 郑君里：《郑君里全集》（第八卷），第213页。

饱问题尚不能解决，经常要饿着肚子写文章、做翻译，挣出一点儿可供生活的开支。然而，稿费也并不是常有的。据《郑君里学术年表》《郑君里自编年表》记录，1930年到1932年间，郑君里共计发表了《近代剧论》（译）、《中世纪宗教演出法》《舞台装置的主潮》《中国左翼戏剧家联盟最近行动纲领》（起草）、《中国戏剧运动发展底鸟瞰》《每日一影人》六篇文章，除了1931年冬商务印书馆出版译稿《近代剧论》所得稿费较多（400元）以外，其他文章所得几可忽略不计。而且这四百元也并非郑君里独得的，译稿介绍人拿去50元，郑君里自取百元，其余交给母亲，置办年货准备过年。那么，饿饭就是常有的事了。譬如，他在翻译《近代剧论》时，一块钱要连着吃七天，经常对付一下，冷水就当了早餐了，而且时常要靠朋友的接济。那时他身边的朋友也多是单身汉，一人吃饱全家不饿，谁有点儿钱就蹭谁的，真到了有饭同吃、有衣同穿的境地。说到这，有一则趣闻，有一段时间郑君里与金焰同住，穷到揭不开锅了，金焰把雨衣当掉后，换得八元钱，大家才有饭吃。黄晨女士在《我和君里》一书回忆："君里曾穷到一天只吃一顿饭的程度，什么饭呢？一个铜板一块大饼，再加上可以白喝的自来水。像袁牧之、唐纳这些艺术家，都是住在亭子间里，穷得只好睡棉花絮，连被面、被里都买不起。有时候穷得实在没办法，把东西送去典当换一点钱，夏天可以当冬天的衣服、被褥，冬天就没什么东西可当的了，那就谁有钱,大家就吃谁的,两毛钱买碗罗宋汤,这是他们经常过的日子。"①

其实,对志在改变中国命运的青年来说,生活苦点累点还算不得什么要紧的事情,真正要紧的是时时刻刻处于恐惧当中。一些从事革命演剧事业或者地下活动的青年学生,常常处于被敌情人员袭扰、逮捕、以至坐监甚至杀头的危险境地。在1930年秋发生的南国社社员张曙被捕事件中,郑君里幸运地逃过一劫。当时南国社刚刚被查封,郑君里把家从平原坊搬到陆家湾的大陆坊,刚搬去的第二天,两人在路上走,张曙便当场被捕了。面对此种危急形势,"剧联"的办公地点迅速转移至北四川路余庆坊东方书店楼上,而郑君里也随之搬回闸北家里,暂避风头。可是,被捕的危险尚未解除,在革命的洪流之下,凭着一腔赤诚热血,郑君里旋即又去参加示威、飞行集会之类的活动,与"左联"成员洪深、罗鸣凤等取得联系,散发"文总"的"上海反帝大同盟"文件。

日本发动"九·一八"侵华战争前夕,"左倾"冒险主义与右倾投降主义在中国大地弥漫,中国的出路成为一个实实在在的问题,也正是在这样的背景下,郑君里组织的"大道剧社"先后在大夏大学、复旦大学两所高校演出了戏剧《马迪迦》,用以

---

① 黄晨口述,郑大里整理:《我和君里》,第34页。

打击"左倾"冒进主义和右倾投降主义。随后,"大道剧社"又在两所高校演出了《阿莱城姑娘》。"九·一八事变"爆发后,由于蒋介石的不抵抗政策,日本先后炮轰北大营、进攻沈阳,到1932年2月,东北全境沦陷。蒋介石的不抵抗政策引起了全国人民的愤怒,全国上下掀起了抗日救亡运动,学生作为运动的主力军,在中国共产党的领导下,参与各种募捐、游行和示威活动。"剧联"在这场运动中发挥了很好的宣传、鼓动、引导运动的作用。"剧联"组织各个剧社下学校、进工厂、上街头组织演剧和宣传。作为"大道剧社"的负责人,郑君里也组织社员下到各学校、工厂和夜校演出田汉的《乱钟》《血衣》等剧,抗议蒋介石的不抵抗政策,受到了学生们的热烈欢迎。

在国难当头的情势下,中国左翼戏剧家联盟串联起众多进步演剧团体,初步形成了左翼同盟的组织形态。"剧联"成员肩负起文人责任,以文艺作斗争的武器,为了寻找出一条政治的出路,指出在半殖民地中,中国无产阶级所负的伟大使命,达成"彻底反帝国主义,反豪绅地生资产阶级的国民党,反黄色与右倾的欺骗,拥护苏联及中国苏维埃与红军"[1]的目的,他们于1931年9月通过了一份针对"白色区域"的名曰《中国左翼戏剧家联盟最近行动纲领》的文件,而"红色区域"的行动纲领则

---

[1] 郑君里起草:《中国左翼戏剧家联盟最近行动纲领》,《文学导报》1931年第6—7期合刊。

"另订之"。《中国左翼戏剧家联盟最近行动纲领》由郑君里起草,主要涉及以下六方面内容:

一、深入都市无产阶级的群众当中,取本联盟独立表演,辅助工友表演或本联盟与工友联合表演三方式以领导无产阶级的演剧运动。

二、以各种手段争取在白色恐怖下公开上演的自由。

三、对于白色区域内广大的农村,本联盟当竭力充实主观力量与文化的影响。

四、除演剧而外,本联盟对于目前中国电影运动实有兼顾的必要。

五、本联盟应积极组织"戏剧讲习班",提高加盟员的思想与技艺的水准,以为中国左翼剧场的基础;组织"电影研讨会",吸收进步的演员与技术人才,以为中国左翼电影运动的基础。

六、本联盟应建设指导的理论以击破各种反动的理论……本联盟应公布各种创作或翻译的革命剧本……对于现阶段中国电影运动实有加以批判与清算的必要。①

---

① 郑君里起草:《中国左翼戏剧家联盟最近行动纲领》,《文学导报》1931年第6—7期合刊。

來件

中國左翼戲劇家聯盟最近行動綱領

—— 1931。九月通過 ——

本聯盟在現階段對於白色區域戲劇運動之領導規定下列六條之綱領，（對於赤色區域另訂之。）

一、深入都市無產階級的羣衆當中，取本聯盟獨立表演，輔助工友表演，或本聯盟與工友聯合表演三方式以領導無產階級的演劇運動。其所採取的演劇形式，以工人羣衆的智識水準能夠充分理解，歡迎爲原則：以此除致力於中國戲劇之普羅列塔利亞寫實主義的建設外，卽現時流行的諧雖要形式亦充分加以批評的採用。劇本內容的配合以所參加的集會底特殊性質與環境來決定。通常是根據大多數工人羣衆所屬的特殊產業部門的生產經驗，從日常的各種鬥爭中指示出政治的出路——指出在半殖民地中，中國無產階級肩負的偉大使命，指示他們徹底反帝國主義，反豪紳地主資產階級的國民黨，反黃色與右傾的巢臼，擁護蘇聯及中國蘇維埃與紅軍。這一工作，除努力組織本聯盟與工人團體底移動劇場式的演劇外，更應設法去組織江湖的賣藝者作更廣泛的『到工人羣衆中去』的活動。

二、爲征取革命的小資產階級的學生羣衆與小市民，本聯盟以上述獨立，輔助，聯合三種方式去發動，組織，并領導其戲劇運動，以各種手段爭取在白色恐怖下公開上演的自由。劇本內容暫取暴露性的，指示出在資產階級與無產階級底尖銳化的鬥爭過程中，中間階級之沒落底必然與其出路。這一工作，除聯合各大學中學劇團（最好能深入到小學）組織學校劇運動以及聯合各小市民小店員劇團組織業餘演劇運動外，應積極在普羅列塔利亞特的組織的政治的影響下，使與反動的演劇運動作猛進的鬥爭。

三、對於白色區域內廣大的農村，本聯盟當竭力充實主觀力量與以文化的影響。在此期間，當在農村的革命青年與其所接近的城市的革命劇團之間，建立緊密的，密切的關係，因而取上述三方式以領導農民演劇運動。目前應先視諜各地農村底經濟與地域等特殊條件，取新演劇的形式或民間傳統演劇的形式，供給多量的劇本或劇本形式的故事，通過上述的農村青年與城市劇團的關係領導之。劇本內容底共同原則是暴露在封建的剝削及與外國金融資本聯相勾結的中國商業高利貸資本底搾取之下中國小農經濟底急劇的破產，指示他們徹底反帝

—— 31 ——

《中国左翼戏剧家联盟最近行动纲领》1931年9月通过，郑君里起草（《文学导报》1931年第6—7期合刊）

这六条纲领明确了"剧联"的使命、目的、组织形式和工作方针，内容更是广泛涉及城市与农村演剧、戏剧运动、戏剧理论

指导、剧本生产、电影和批评的组织与生产方式等方方面面。实际上，郑君里在全面抗战期间先后发表的两篇文章《抗战戏剧运动草案》①《论抗战戏剧运动发展底不平衡》②在思想与精神旨趣上与其起草的《中国左翼戏剧家联盟最近行动纲领》——这样一份纲领性文件——是一脉相承的。

1939年，郑君里在重庆的生活书店出版了《论抗战戏剧运动》③一书，该书全面总结了抗战戏剧运动的本质、进步性、发展的不平衡性的原因和对策，介绍了战区、敌后和后方演剧的开展情况。然而，《论抗战戏剧运动》一书虽然收录了《论抗战戏剧运动发展底不平衡》一文，却并未收录《抗战戏剧运动草案》。《抗战戏剧运动草案》一文之所以重要，在于其提出了抗战戏剧运动必然是"中国民族解放运动的实践之一部""政治与军事的动力之一部"的论断，将抗战戏剧运动的开展与民族、国家命运紧密联系在一起，详细、深入分析了"戏剧的常态的经济状况已为抗战所破坏或改变，观众的消费能力已锐减或消失，大剧场中正常的演出已很少可能性，其商业条件亦大部消失，同时，纯商业的经营也容易成为抗战戏剧运动的开展的障碍"，以

---

① 郑君里：《抗战戏剧运动草案》，《抗战戏剧》1938年第1卷第5期。
② 郑君里：《论抗战戏剧运动发展底不平衡》，《读书月报》1939年第1卷第3期，总第3号。
③ 郑君里：《论抗战戏剧运动》，上海：生活书店，1939年。

及"抗战戏剧运动之发轫可能遇到两重阻力":

> 第一是封建的士绅阶级的阻挫,他们以为戏剧是"下九流"的伎俩;还有没落的资产者,他们的共同点是一笔抹煞戏剧的效能。
> 第二是偏激的智识分子或技术专家,他们虽承认戏剧的狭义的效能,但以为目前只需要直接参加作战,戏剧活动不应该存在,或者,参加戏剧活动无异是"逃难",从此,他们取消了抗战的戏剧运动:这两重阻力非首先被克服不可。①

郑君里提出要根据组织体系建立健全联络网,在全国上下有组织地动员、开展抗战戏剧运动,使全国一盘棋,从而形成强大而统一的领导核心。在此基础上,郑君里进一步提出了具体对策与组织方法,如规定演出的任务,演出之前对当地社会系统进行调查,演出之后以举行座谈会、大小规模戏剧公演的形式,吸收戏剧姊妹艺术的优点,发掘传统戏剧与民间娱乐的遗产,户外户内演剧的组织方法,宣传与领导方式等等,可以说是一份非常实用的抗战戏剧运动指南,为全国抗战戏剧运动的顺利开展在实现

---

① 郑君里:《抗战戏剧运动草案》,《抗战戏剧》1938年第1卷第5期。

目标、领导方式、组织形态、实践方法等方面提供了强有力的支持和理论依据。

"九·一八"事变后，日军的炮声还盘旋在中国人耳朵里的时候，旋即又爆发了"一·二八"事变，日军从东三省打到上海。在战争发生的第二日，炮火迫近，郑君里举家逃难。父亲和妹妹回广东中山老家，母亲寄住在舅母家，郑君里则在外过着四处流浪的日子。战事还没有停，郑君里和金焰、吴永刚就奔赴闸北前线劳军演出，那时他们已经穷到三人同吸一支烟的地步了。大道剧社也在艰难维持之中，租在一个地下室，社员们白天去伤兵站和工人夜校演出小节目，晚上就睡在里面，每人每天只能发一点面包充饥。也许是战争和困苦的生活耗尽了他们的热情，"一·二八"淞沪抗战结束不久，大道剧社便四分五裂，社员们各奔东西了。朱光、严僧等五人到苏区，刘保罗到杭州搞"五月花剧社"，周伯勋、胡萍等进入电影圈拍电影去了。至此，大道剧社在无形之中解散了，而它的解散实际上也为郑君里从"化妆室"进入"摄影场"提供了一个契机。

"想演电影的志愿"

1928年,郑君里在南国艺术学院学习期间,曾看过一部《波希米亚人》(*La Boheme*,中译名为《情天血泪》)的美片。据同学陈白尘的回忆:"看电影在我们学院是被当做上课一般对待的。田汉先生每次都亲自率领我们前去。当时我们很少看到别的剧社演出,只有借鉴于电影。"[①]正是这次集体观影学习,郑君里心里萌生了"想演电影的志愿"[②]。这部由金·维多(King Vidor)导演,丽莲·吉许(Lillian Gish)、约翰·吉尔伯特(John Gilbert)主演,出品于1926年的默片,脱胎于法国作家亨

---

① 陈白尘:《少年行》,第183—184页。
② 郑君里:《郑君里全集》(第八卷),第211页。

利·穆尔格（*Henri Murger*，1822—1861）的小说《波希米亚人的生活》（*Scènes de la vie de bohème*），这部小说是最早描写波希米亚人生活的作品之一。1927年，影片在沪上戏院上映时，影评人韦焘曾撰文介绍该片背景：

> 西洋歌剧里有一出著名的《波希米亚人》La Boheme，在沪上已表演好多次，这戏是音乐家波契尼Puccini的作品。编制的时候，其题材和剧情从莫加Murger的《波希米亚人的生活》一书而来。和波契尼的歌剧一样，从此书蜕化出来的影剧亦在沪上开映了。这影剧便是用歌剧原名La Boheme做片名的，中名《情天血泪》便是。《情天血泪》亦像歌剧《波希米亚人》，描写巴黎艺术家荟萃地拉丁区latin Quarter的艺术家生活，所谓波希米亚人。对两剧的人物讲来，并不明指任何人。波希米亚是一个飘荡无定，生活极随便而容易的民族。多富于情感的艺人生活。①

《中国电影杂志》亦随刊配发了一篇关于该片的电影本事（《〈情天血泪〉记略》）和影评（《看〈情天血泪〉后》），影评人文宪看后受到触动，发出了"从来才子多情，佳人薄

---

① 韦焘：《LA BOHEME》，《银星》1927年第10期。

命"①的感慨。想来,这部电影所描写的四位波希米亚艺术家的生活对处于国内军阀混战,特别是北伐战争失败背景下的青年艺术家的触动无疑会更深。

1926年,《波希米亚人》在美国上映时的海报

《情天血泪》开映之时,中国电影市场正处于"中落期"②。为了"统制国内市场的供应,并沟通的海外的贸易"③,早两年成立的六合影片营业公司,正不遗余力地围剿和兼并小公司,先

---

① 文宪:《看〈情天血泪〉后》,《中国电影杂志》1927年第5期。
② 郑君里在《现代中国电影史》中,将土著电影史分为四期,分别为萌芽期(1909—1921)、繁盛期(1921—1926)、中落期(1926—1930)、复兴期(1930—1932)。
③ 郑君里:《现代中国电影史》,《郑君里全集》(第一卷),第28页。

后刮起了稗史片、古装武侠片、神怪片风暴。小公司在与"六合"的博弈与反围剿过程中,只能跟风制作,大行粗制滥造之风,其中虽然有不少公司倒闭,但亦有不少小公司获得营业上的收益,新成立的小公司亦不在少数。可是市场的风气却愈加地坏下去,为着"生意眼","国内大城市的第一流戏院拒国片于门外"①,而"大公司也逼着要走上偷工减料之一途,忍痛贬低售价与小公司互争买主"②。此种情形下,美片等欧片再次占领中国市场,所以也就可以想见缘何1927年在中国开映的《情天血泪》,直到1928年还未下映。

美片《情天血泪》在中国上映时的海报插图
(《中国电影杂志》1927年第5期)

---

① 郑君里:《现代中国电影史》,《郑君里全集》(第一卷),第42页。
② 同上书,第43页。

"想演电影的志愿" 075

三年后，郑君里终于等来了演电影的机会。1931年9月，全国洪水成灾，郑君里组织"大道剧社"在中央大戏院演出赈灾戏《灾区之外》，友联影片公司经理兼导演陈铿然观看后，请郑君里出演武侠神怪电影《江南燕》①和《美人魂》二片。此时，武侠神怪之风余波未尽，陈铿然自然是想再趁机捞上一笔。《江南燕》拍摄一半，陈铿然听闻上海战事将起，日本人随时可能打进来，《江南燕》便停止摄制了。郑君里当时和友联影片公司并没有订立演员合同，因为他"那时并不得陈铿然的重视，只给他极菲薄的月薪"②。

郑君里初涉影界的尝试便这样无疾而终了，然而没过多久，机遇再次来临，同学金焰把郑君里介绍给"联华二厂"的孙瑜导演，郑君里"想演电影的志愿"终于在金焰的帮助下得以实现。当时金焰先于郑君里一步，由"大道剧社"进入联华公司，此时他已经是著名的电影明星了，先后主演了《王氏四侠·续集》（1929，史东山导演，大中华百合影片公司出品）、《风流剑客》（1929，孙瑜导演，民新公司出品）、《野草闲花》（1930，孙瑜导演，联华影业公司出品）、《恋爱与义务》

---

① 友联影片公司拍摄，1931年起摄制，前半部导演姜起凤，后停摄，郑君里进入联华二厂拍摄完《野玫瑰》后，《江南燕》补拍下半部，由友联影片公司老板陈铿然亲自任导演。
② 《郑君里结束〈美人魂〉：姜起凤放弃导演名义》，《开麦拉》1932年第121期。

（1931，卜万苍导演，联华影业公司出品）、《桃花泣血记》（1931，卜万苍导演，联华影业公司出品）、《银汉双星》（1931，史东山导演，联华影业公司出品）等影片。而此时正在筹拍《野玫瑰》的孙瑜，已经确定由王人美、金焰主演该片。据当时《银幕周报》的"影场消息"报道："野玫瑰是孙瑜依照她（指王人美——笔者注）的个性编成的一部爱国写情剧。"①经金焰的介绍，郑君里迅速得到孙瑜的赏识，在《野玫瑰》中获得了一个街头画家的角色。

　　片成后，"联华二厂"制片主任陆洁与郑君里正式订立演员合同，合同期为五年，每月工资60元，每年加一次薪水。我们不妨再看一下1932年《开麦拉》杂志披露的郑君里进入联华公司的细节：

　　　　郑君里原为大道剧社社员，和金焰、胡萍为同社社友，曾与胡萍于中央戏院表演《灾区以外》短剧时，即被新派戏剧界中人认为可以造就之才，不久，得大道剧社导演鲁史的介绍，入友联公司，主演《美人魂》，但未能展他的所长，戏又延滞不摄，经了金焰等一般朋友的拉拢，方入联华公司，和王人美、金焰合演《野玫瑰》，表演尚称尽职，联华

---

① 《剧场消息》，《银幕周报》1931年第12期。

也就迅速手腕，和他签订合同，期限五年。可见联华将来计算倚重他的用心了，联华且允他每年加薪。郑君里受到联华这样的知遇，不可谓不幸运了。①

进入"联华"后，郑君里正式开启了他的银幕表演之路，他也由此再一次改名，将郑重改成"郑君里"②了。

金焰与王人美因《野玫瑰》结缘，1934年元旦在孙瑜主持下结婚，中间立者为证婚人孙瑜

---

① 《郑君里受联华知遇：五年合同幸运？》，《开麦拉》1932年第44期。
② 郑重曾用笔名"郑千里"，千里是由"重"拆分而来的。加入"联华"后，将千里改成君里。

《野玫瑰》开摄在日军进攻上海之前，完片之后随即爆发了"一·二八"事变，这场战事导致了"号称中国好莱坞的上海部分地被毁"①，其中就包括友联影片公司，处于租界区的联华公司亦深受打击，郑君里在《现代中国电影史》中对此有过记录：

> 许多在国片业上颇占地位的小公司都设立于上海的闸北市，如上海、孤星、华剧、昌明、白虹、友联、复旦等公司都完全在巷战中被破坏，其余设在租界区内幸免兵劫的三大公司亦深受打击。同时，普遍于全国之战时的经济紧缩现象也大大地降低电影市场的消费力。例如在战前，上海共有五十三所电影院，现则减为四十六所。整个土著影业显又陷于深刻的经济危机之中。②

受战事的影响，新闻片大受内地和南洋片商的欢迎，包括"联华"在内的三大影片公司正片业务全面停顿下来，转而投入战事新闻片的拍摄，譬如明星公司拍摄的《十九路军血战》，联华公司拍摄的《十九路军抗战史》《上海战史》，天一公司拍摄的《上海浩劫记》等等，直至1932年5月沪战方止，一般制片公

---

① 郑君里：《现代中国电影史》，《郑君里全集》（第一卷），第51页。
② 同上。

司才渐渐恢复元气,开始竞制以此次战争为背景的"正片"。①

《野玫瑰》正是联华公司"一·二八"淞沪会战后开映的第一部正片,也是孙瑜导演在拍摄《风流剑客》《人道》《野草闲花》三片后,"因为肠胃有病而休息了一年"②的复出之作。孙瑜导演拍摄《风流剑客》《人道》《野草闲花》三片时,患上了肠胃病,而这场病,在心理上给了他某种暗示。他感到中国这副"身体"恰如他此前患上的肠胃病一样,是不健康的,没有精气神的。所以他在片中设置了四个身份各异的青年,他们全都有强健的体魄。王人美饰演的是一个泼辣的带有原始野性的渔家少女小凤,即"野玫瑰"一角,虽然她没有上阵杀敌的能力,可是她却有拳拳的爱国之心,在乡间小路上像模像样地操练起一支童子军。其实,这正是因为孙瑜身体患病而内生出的一种反映在艺术上的疾病隐喻。与"野玫瑰"形成对比的是片中那些流连于酒肆与舞会的交际花,她们都过着"上等人"的奢华生活,却对民族和国家的命运漠不关心。金焰饰演的富家少爷江波的出走,去和"野玫瑰"过一种贴近大地,与民族、国家血脉相连的生活,实际上亦是孙瑜导演对当时知识分子、普罗大众的一种召唤,如同片尾出现的字幕一样:"醒吧!做梦的同胞们!快出去救你自己!……敌人杀来了!……快救你自己!……"随后孙瑜发表的

---

① 郑君里:《现代中国电影史》,《郑君里全集》(第一卷),第51页。
② 孙瑜:《导演〈野玫瑰〉后》,《电影艺术》1932年第1期。

《导演〈野玫瑰〉后》一文也正说明了这点:

> 《野玫瑰》里面的四个青年,他们走在人生崎岖不平的路上,仍旧是欢天喜地的,表现出一种难得的勇气。虽然他们的力量弱小,但是都能咬着牙忍受那人生的苦楚,丝毫不吐露一点怨气和失望。一直等到国难时期,他们都不约而同地把他们一点弱小的力量,加入了救国伟大的工作里去。这一种向上的朝气,和奋斗的精神,我认为还要继《野玫瑰》以后的几个未来的影片内发挥鼓动的。①

《野玫瑰》上映时,联华公司1932年5月13日在
《申报·本埠增刊》刊登的宣传广告

---

① 孙瑜:《导演〈野玫瑰〉后》,《电影艺术》1932年第1期。

郑君里在片中出演的是街头画家"小李"一角，正是这四个青年之一。郑君里初涉银幕，孙瑜就给了他这样重要的角色，可见孙瑜对他的看重和信任。虽然《野玫瑰》是一部"爱国写情剧"，但是其中却有不少诙谐、浪漫的喜剧化情节。譬如，卖报纸的"老枪"（韩兰根饰演）午睡正酣，小李作弄老枪，把他握在手里的饼换走，把一份叠好的报纸塞到他手里。睡梦中的老枪把报纸往口里送，撕咬了几口，硬是没咬动，引得一旁的小李、江波和小凤三人哄堂大笑。小李说："老枪果然名副其实，吃的真是报纸饭！"老枪知道是被小李搞了恶作剧，气得跳脚，一边嚷着"我吃的是报纸饭……你吃的是颜色油漆饭"，一边抓住小李，就要给他喝油漆。于是两人手上沾了油漆，你抹我一把，我抹你一把，像两个淘气十足的孩子，直把一旁看热闹的江波和小凤笑得前仰后合。在这场戏里，郑君里把搞恶作剧作弄老枪的场面演绎得生动而活泼，稚趣十足，韩兰根等三人的配合也很到位。虽然《野玫瑰》还是默片，演员并不能发声，但是他们浑然天成的表演为影片营造出"此时无声胜有声"的意境。

沪战结束后，陈铿然渐渐从颓败的局势中缓过气来，开始重建友联公司。陈铿然找到郑君里，请他继续出演当时因战事耽搁的影片《江南燕》。此时郑君里凭借在《野玫瑰》中的出色演出，已经成了"一个新进电影界的小牛演员"了。据当时著名的影戏杂志《开麦拉》报道：

《野玫瑰》剧照
从左至右依次为：韩兰根、金焰、王人美、郑君里

　　郑君里是一个新进电影界的小牛演员……他在他处女作《野玫瑰》中，表演的成绩已很不错了，在将来当然有非常的进步，因为他不是一个没有天才的人。他最初是进友联公司，主演的《美人魂》，但后来因停顿摄制了，他这时已早进了联华摄《野玫瑰》，时间已隔了许多。友联公司的陈铿然，因为《美人魂》已摄成大半。如果就此不继续摄成损失可不小，因此现在决计将这《美人魂》继续摄竣，可是终缺少不了郑君里，前半部郑君里的角色自然不能在下半部换人……可是郑君里却不能不为友谊感情，帮陈铿然的忙，补

拍下半部《美人魂》，使全部结束。①

陈铿然请郑君里继续出演《江南燕》时，郑君里正忙着演出孙瑜的新片《火山情血》，但是念着"友谊感情"，郑君里还是把《江南燕》因战事耽搁的戏份补上了，也算是还了陈铿然当时的一分知遇之情。至于《美人魂》，据1934年《电声》杂志发表的一篇影评《评〈美人魂〉》来看，该影评在介绍演员时并未出现郑君里的名字："演员方面，徐琴芳有很好的表演，贺志刚也不错，周达文的摄影工作，也在一般小公司出品的水平线上，所以松一点说，《美人魂》，因为它已经是几年前的出品，成绩是还可以的。"②由此推测，郑君里为《江南燕》补戏以后，并未继续出演友联公司的《美人魂》一片。

郑君里初入联华公司就显露出银幕表演上的才华，先后出演了《野玫瑰》《火山情血》《共赴国难》《粉红色的梦》《奋斗》《出路》《人生》《大路》《新女性》等众多佳片。短短几年，郑君里已然是家喻户晓的电影明星了。

---

① 《郑君里结束〈美人魂〉：姜起凤放弃导演名义》，《开麦拉》1932年第121期。
② 《评〈美人魂〉》，《电声》1934年第3卷第40期，第793—794页。

恋爱与身份问题：与"剧联"的一次疏离

1932年，郑君里出演《奋斗》一片后，始有"勇敢的老虎""老虎""猛虎"的影坛称号，戏剧家陈大悲在光华戏院看完《奋斗》的试映后写下一篇影评：

> 目下公映的联华新片，这，正是大家热望方殷的……在外患日极的今代正是我们"奋斗"的关喉。在联华预告以来，无端的使我心心向往。从《银幕双星》《恒娘》到现在，这是史东山先生进联华的第三部作品，他在这短久有限的软片中描绘出一个伟大的症候，虽然在技巧上不无歪曲，

《"猛虎":郑君里》(《联华画报》1935年第6期)

而整体地表露,却很耐人批判。不管是郑君里,或者陈燕燕,就说袁丛美吧,在这片中的扮演,都很有百尺竿头的惊人,虽然并不算精心的一九三二年的伟构,然而我想,在这国产影片演化过渡的时代,却不失为一部合力的典经。在前日光华试映的结果,所以我自己愿以十分的热情和信心来祷祝联华同志的将来,即成功了这一部"爱的奋斗"的以后,愿它深入社会,作一个有效力的同社会奋斗,而创造有水准的且富生之力的一部佳构。我用十分荣幸的意念来介绍这部佳作。①

---

① 陈大悲:《关于〈奋斗〉》,《联华周报》1932年第1期。

从陈大悲对《奋斗》演员的演出"不管是郑君里,或者陈燕燕,就说袁丛美吧,在这片中的扮演,都很有百尺竿头的惊人"一句评价来看,陈燕燕、郑君里、袁丛美等在片中的所演绎的角色都是极为出色的,所以当时"影迷们给了一个美丽的小鸟绰号给陈燕燕,给了一个勇敢的老虎的绰号给郑君里"①。

据《郑君里自编年表》记载,其在1932年出演《火山情血》《共赴国难》《粉红色之梦》《奋斗》等影片后,有一段时间,"我因骄傲,导演们相约不让我演戏,我感到孤立,为想改变别人不好的印象,我搬到暨南大学附近一家小杂货店楼上住(6元一月),每天早上到暨大操场练身体,想把肌肉练'壮',可以上银幕,逢到洪深上课,便去旁听。"②这个冬天,郑君里在"联华"出演的影片就有四部在戏院上映,可是这个冬天于他而言并不好过,仿佛是他的寒冬。郑君里在《自编年表》中坦陈,除了在"联华"被众人孤立外,他亦因恋爱、拍戏的缘故,与"剧联"的关系也日渐疏远了:

> 1933年初夏,与白璐在新地剧社认识,吃、喝、逛马路,深夜才回闸北家里,剧联同志认为我蜕化,不来找我,关系中断,好久没有找我演戏。沈浮新来上海,编了个《出

---

① 萧丽卿:《导演群像:郑君里小史》,《青青电影》1949年第11期。
② 郑君里:《郑君里全集》(第八卷),第215页。

路》,交给郑基铎导演,这两个新手才找到我这个被冷淡的演员去演。可是我迷恋于谈恋爱,演得也不怎么认真。①

然而,郑君里与"剧联"疏远的原因,并不是像他自己认为的耽于恋爱、拍戏的缘故那么简单,其实还有一个更深层的原因,那就是郑君里的身份问题,因为他不是党员,在王明"左倾"路线的影响下,他被人为地排除在"剧联"的领导层之外,直到1935年春,才与"剧联"恢复组织关系②。据郑君里南国艺术学院时期的同学赵铭彝1978年撰文回忆:

> "左翼戏剧家联盟"属革命群众组织,另行召集盟员大会,选出刘保罗担任总务,我担任组织,郑君里担任宣传。那时虽然清算了"立三路线",但在"王明路线"影响下,"左"的关门主义更加厉害。本来"剧联"属群众组织,论理非党员也可以担任部分领导工作的,但当时党团里却认为领导工作都该由党员担任,郑君里不是党员,虽然当选任宣传了,却必须说服他辞职,怎么办大家推我去和君里谈,因为我和他是"南国艺术学院"的同学,以为好直接向他提出来。组织上如此决定,我硬着头皮和他谈了,但我又不能暴

---

① 郑君里:《郑君里全集》(第八卷),第215页。
② 同上书,第216页。

露党员身份,吞吞吐吐,说来说去,他不同意,认为自己是群众选的,又没有犯错误,为什么一定要辞职。最后,我只好"摊牌"说明是党的决定,他勉强服从,同意辞职。这事情却给他一个打击,以后他渐渐消极起来,到年以后根本不参加"剧联"的一切活动了。现在想来,这种决定是不恰当的,有人说"剧联"是第二党组织,搞得太左,我看应该承认这意见是对的。结果"剧联"的宣传职务却空起来,没有人担任,过了些时候,由我兼任了。[①]

这个原因,恐怕直到郑君里1969年去世时也未必清楚。

与白璐的相识及尔后的相恋确实给了郑君里不少慰藉。那时他的朋友陈梦庚在上海淮海中路开办了一所舞蹈学校,郑君里常和白璐去舞蹈学校玩,跟顾梦鹤、刘莉影等学跳舞,玩得很"新派",这大概是郑君里自入"联华"以来过的一段电影明星的"小资生活"吧。可是,在整个1933年里,郑君里几乎没演什么戏,加上恋爱总要花去不少钱,常常入不敷出,终致生活陷于困顿,他只好偶尔跑到游戏厅赌一把"吃角子老虎机"[②]碰碰运气。

[①] 赵铭彝:《左翼戏剧家联盟是怎样组成的》,《新文学史料》1978年第1期。

[②] 郑君里:《郑君里全集》(第八卷),第215页。

1933年是"左翼电影"大兴的一年。当时新成立的艺华影片公司实际由田汉、阳翰笙、夏衍等"剧联"成员及一部分中共地下党员所领导，"艺华"作为左翼电影运动的实际策源地和引导者，在1933年集中拍摄了《民族生存》《肉搏》《中国海的怒潮》《烈焰》四部号召国民抗日救亡的影片，一时间左翼电影运动呈现燎原之势。"明星二厂"随即出品了夏衍、阳翰笙的《狂流》《铁板红泪录》；"联华一厂"出品了卜万仓导演的《三个摩登女性》和《母性之光》；天一公司则出品了裘芑香导演的《挣扎》。郑君里因为和"剧联"疏远的缘故，错过了不少演戏的机会，不能不说是一件憾事，可是这也使他躲过一场牢狱之灾，也算是不幸中的万幸了。1933年11月10日发生了著名的"捣毁艺华影业公司"事件，当时《电影月刊》转载了《大美晚报》一则关于"中国电影界剿共同志会"捣毁"艺华公司"的消息：

近年来我国电影事业，日趋发达，各影片公司，亦为营业竞争起见，均竞相罗致人才，广征专家及剧本，因此为中国共产党左翼文化总同盟之剧联所垂涎，乃移转其活动目标，有计划的动员，普罗作家与戏剧家，先后投入各电影公司，或为编剧，或为导演，或为演员，竭力造成电影之赤化，煽动阶级斗争……最近电影界新成立一艺华公司，虽系商人集资创办，但关于摄制电影之一切事物，皆操之于南国戏剧社田汉等之手,而著名演员如金焰、胡萍等,亦皆为该公司聘为主要演员,因是颇为各方瞩目,该公司深恐因此惹出纠纷,乃于上月底将田汉辞歇,同时并将田汉所介绍入该公司之服务人员四十余人,亦一并撤职,满期从此可以安然无事,殊不料仍不免有昨晨(十一月十日)捣乱之发生。①

其实所谓的"中国电影界剿共同志会"就是国民政府所豢养的爪牙"反共锄奸团"。这场声势浩大的"捣毁艺华公司"事件其实是敲山震虎,如果艺华公司"及其他公司不改变方针,今后当准备更激烈手段应付,关联华、明星、天一等公司"②。无疑,这是国民党当局对以"联华""明星""天一"三大公司为首的电影制片公司的一次集体警告,是对诸影业公司响应中国共产党政治号召拍摄"煽动阶级斗争"的"赤化影片"而下发的一次"政治通牒"。从"反共锄奸团"现场散发的传单,欲追究电检委员会因受贿通过"赤化影片"审查的责任人员③这点看,"捣毁艺华公司事件"便不单是杀鸡儆猴了,同时也是对隶属于国民党文化部门"电影检查委员会"的一次内部清洗行动,可谓

---

① 《转载一件重要消息:艺华影片公司被捣毁》,《电影月刊》1933年第27期。
② 同上。
③ 同上。

一箭双雕。

捣毁艺华公司现场照片（《十日谈》，1933年第11期）

"捣毁艺华公司事件"发生后，没隔多久便发生了"田汉被捕事件"，据1934年《影戏年鉴》所载"编剧人田汉被捕"的消息：

> 国编剧社创办人田汉，为左翼健将，近年在沪，化名陈瑜编著《三个摩登女性》等剧本，几握电影界幕后之最高权威，……惟自《黄金时代》剧本被删改至面目全非，田即不复为影片公司写剧本，当局对于田汉之行踪，素甚注意，惟

田深自韬晦，故尤能蛰居沪滨，惟数日以前，闻田突在法租界被拘且传已解市公安局云。①

另据1935年《新人周刊》一则消息：

今年春，田汉、华汉②二人自本市法租界被捕入京，为时四月，期间海上文坛盛传已不在人间，而一说则已判处徒刑十八年，然此种传说，仅为一般人所推测而已。近据京讯，田汉等确已自首出外，惟照丁玲例，暂不能越京市一步，闻田现正埋首著一戏剧运动史云。③

仅仅不到一年时间，左翼电影人、"剧联"代表人物田汉和华汉（阳翰笙）接连被捕，且判刑、处决的传闻甚嚣尘上，大批进步知识分子感到局势风声鹤唳。进入"联华"以前，郑君里在"剧联"负责宣传工作，"剧联"改组后更是任分盟领导人，毋庸讳言，若不是与"剧联"关系疏远，想必他也会在被捕的名单之列。

---

① 《电声：编剧人田汉被捕》，《影戏年鉴》1934年版，第304页。
② 笔者按：据笔者考察，华汉即为阳翰笙，阳翰笙本名欧阳本义，阳翰笙与华汉、汉等皆为其笔名。
③ 《文化报导：今年春，田汉华汉二人自本市法租界被捕入京》，《新人周刊》1935年第48期。

第三部

爱情与婚姻

缘聚缘散:"勇敢的老虎"与"标准丫头"

1933年,在左翼电影运动如火如荼之时,郑君里并未参与其中,他在出演话剧《出路》时与新人沈浮、郑基铎结识,《出路》上演不久,沈、郑二人便借由"剧联"的关系进入了联华影业公司,和他们一起进入"联华"的还有演员白璐,白璐很可能是托了郑君里在"联华"的关系进来的。

白璐没进入"联华"之前,"真实姓名叫杜小牧,后来因为拍影戏才改称白璐这个艺名"①。白璐初入联华公司,并未出

---

① 月明:《从白璐拍戏谈到惨死详情》,《电影》1947年第12期。

演什么重要角色,多是扮演一些年轻姑娘作为女主角的陪衬,因此她得了一个"标准丫头"的名号。后来白璐在"电通"的新片《都市风光》中饰丫头,在"联华二厂"郑基铎、孙瑜导演的新片《再会吧,上海!》《到自然去》中也饰丫头,白璐便坐稳了"丫头"的头一把交椅,用现在时髦的话就是"丫头专业户"。

标准丫头之白璐小姐(《青青电影》1935年第2卷第9期)

白璐与郑君里确立恋爱关系后,始有"伏虎美人"的称号见诸报端。有一署名为"梨"的作者在《天文台》杂志的一篇文章中写到了白璐的性格:

> 这天真的姑娘,还带着几分孩子气,她的一举一动,都很活泼天真,她无论对谁,都从来没有做作过,她想到怎样就怎样,凡是见过她的人,都会知道的,因为她太孩子气

了，不了解她的人，以为她什么都不懂，实际她是什么都懂得的姑娘呢。①

为"影"忙，伏虎美人白璐，郑君里（《联华画报》1935年第2期）

用"天真""活泼""孩子气"这样的词来形容白璐是很中肯的。笔者在梳理白璐的历史时，意外地发现了她写于1934年的一篇名曰《好吃的女人》的文章，这篇文章实际上是对郑君里当时所作的《爱吃辣椒的人》的回应，或者说是她在与郑君里爱得你侬我侬时的一篇戏作，这无异于将二人相恋的消息主动地"昭告天下"，这种"公然"在"杂志上恋爱"的方式，无论是在当

---

① 梨：《白璐初尝失恋苦》，《天文台》1937年第57期。

时还是在现在看来,都具有某种天真、热烈而又浪漫的情调。由于年代久远,郑君里的《爱吃辣椒的人》已不可考,仅在其《学术年表》中提及篇目,但是从白璐的这篇回应的"戏作"来看,郑君里所说的"爱吃辣椒的人"很明显就是指白璐。我们不妨先看一下白璐所作的《好吃的女人》:

> 偶然在报纸上看见:"爱吃辣椒的女人……"这样的话,心里多少引起不安的感觉。这原因自然因为我是女人,而且也是顶好吃辣椒的一个。很多朋友都说生长在广东、湖南、四川的人爱吃辣椒;那末,爱吃辣椒也不过仅是地方性的表示而已。假若谁一定要指定说"这是好吃辣椒的女人!"那末这个人除了说她是某一地方人以外,最好还有"这个好吃辣椒的女人在找刺激呀!"的意思。女人在大庭广众之中抽烟,有绅士气的人,都认为不雅……我一向就抱定主意不抽烟,也不做别的赌博的事。不过,在不伤大雅的场面中偶然也会抢抢人家的半段烟头,吐几个圈儿来玩玩。反对抽烟的人常常借口烟中有"尼古丁",至于味道辛辣他们倒不在乎。辣椒虽然辛辣,至少还没有人证明含有毒素。抽烟却成为一种风尚,甚至视为"幽默"之泉源,在这里我不能不替好吃辣椒的朋友们感到悲哀呢!有人说,烟虽然有毒素,可是它的氤氲的气息能够给人"灵感",抽烟的人可

以从烟雾浮沉当中领略到另一个悠然的世界。辣椒固然泼刺,只能够很强硬的刺激人的食欲;并且爱吃辣椒的广东湖南或四川人总是比较喜欢结帮口打架。事情要打架才能解决的,那不是太不"幽默"了吗?大概爱吃辣椒的人多半没有涵养。我以为在这种年头,年轻人没有涵养也不能尽算是"斯文堕落"。最少打架是一件痛快的事。不打架,就算是大家痛快地骂一顿也好。成天的堆着笑脸干说俏皮话,有什么意思呢?我说过我也是一个好吃辣椒的女人,但我并没有想到好吃辣椒是一件"缺德"。我想无论谁都说不出自己究竟是为找刺激而吃辣椒,还是为吃辣椒而吃辣椒。我到底是一个青年人,所以除了经常吃辣椒以外,我还喜欢玩;爬山游泳骑马打球跳舞,我都去。在这种年头过日子,我不以为这是过分。①

白璐在这篇文章里将吃辣椒与抽烟做了特别的比较,那句"有人说,烟虽然有毒素,可是它的氤氲的气息能够给人'灵感',抽烟的人可以从烟雾浮沉当中领略到另一个悠然的世界",很有可能是郑君里当时对她描述过吸烟的感觉。郑君里年轻时吸烟特别厉害,直到1956年以后才戒掉。据郑大里口述文章

---

① 白璐:《好吃的女人》,《小说》1934年第5期。

《我的父亲郑君里》一文所载:"他过去抽烟抽得特别凶,一天要三四包。有一年宋之的去世,在八宝山举行遗体告别仪式,医院的人说:你们搞文艺的有两个毛病,一个抽烟,一个喝酒!回到家后,父亲再也没抽过烟,跟别人聊创作很兴奋时,有时他烟瘾上来了,就拿根烟在鼻子下嗅一嗅。"[1]所以白璐在这篇文章中以"吃辣椒的女人"戏谑"抽烟的男人",我们不妨理解为是与郑君里俏皮的玩笑。

郑君里和白璐,陈嘉震摄(《电影画报》1934年第13期)

从白璐的文风及其所叙说的"偶然也会抢抢人家的半段烟头,吐几个圈儿来玩玩","最少打架是一件痛快的事。不

---

[1] 郑大里口述,李菁整理:《我的父亲郑君里》,《三联生活周刊》2008年第9期。

打架，就算是大家痛快地骂一顿也好"云云，又可见其与"天真""活泼""孩子气"的另一面性格，即野性的、不受拘束的、洒脱的新派女性的个性。郑君里又是怎样的个性呢？据郑大里说："父亲性格内向，平素寡言而严肃，他跟电影圈里的人来往很多，但大都是业务上的探讨。"① 虽然郑君里的总体性格是内向寡言而严肃的，但是从他写的诗歌《莎乐美》和小说《姑姑的爱人》又可见，他的内心也是富有浓烈的激情和诗意的。这样的两个人的相爱，自然是无比新鲜的。在二人分手以后，刚刚创刊不久的《电影新闻》杂志曾这样描述当时二人的热恋：

> 在上海的时候，他（作者注：指郑君里）居住在老靶子路福生路，和他的父亲母亲妹妹同住着，那个时候，君里正在恋着白璐，白璐和君里的妹妹最有爱，因此常常混住在君里的家中，同出同入，同食同坐，就是没有同床而已。②

在恋爱的开始，内向寡言的郑君里受到白璐热烈的召唤，也十分热烈地回应着她的爱情，似乎这个热情天真的女人也在悄然间改变着郑君里的性格，情至浓处，他为博一个彩头，甚至在

---

① 郑大里口述，李菁整理：《我的父亲郑君里》，《三联生活周刊》2008年第9期。
② 《老虎生小老虎，郑君里白璐恋爱史》，《电影新闻》1942年第34期。

席间做出了和白璐当众接吻的举动,请看1934年《电声》杂志的报道:

> 某画报编者汤饼宴上,到电影界人颇多,席间余兴有人提议郑君里与其爱人白璐当场表演接吻,郑白毫无犹豫,当众大吻,一时称为大胆。①

我们无法想象郑君里居然可以当众大吻白璐,但这正是其真性情在深情之时的自然流露。只是郑君里毕竟是谦谦君子那一类的男人,这种改变于他而言,无疑是一个危险的信号,而这危险的信号终于在白璐成名之时亮起了红灯——郑君里把心掏给了白璐,可是白璐这样热情的女人,在对他爱的热情消散后,他的爱情灾难也便来临了。他无法驯服白璐的热情,而白璐却要下一段新鲜的恋爱作为新生活的开始。

1934年,白璐终于在"联华"新片《再会吧,上海!》中得到出演重要角色的机会,与她合作的导演便是和她同时进入联华公司的郑基铎。也正是从这部电影开始,白璐才算真正在电影界红火起来。正如当时的《现代新闻》杂志介绍的那样:

---

① 《郑君里当众吻白璐》,《电声》1934年第3卷第29期,第566页。

《再会吧,上海!》一片描写农村的破产,以至一般人,要到城市求生活,而其中大多数集中于上海,于是堕落者也有,失望而归者也有。再会吧,上海!就是片中女主人公的悲惨哭声,从这一句可想到她们在万恶的社会的遭遇了。[①]

白璐进入"联华"后第一部担任重要角色的影片《再会吧,上海!》从左至右分别是汤天绣、阮玲玉、白璐(《良友》杂志1934年第89期,标题为"女人在电影界")

白璐所饰演的角色正是这种走投无路而陷入绝望的女性。片中的白露(白璐饰)本是一位乡村女教师,岂料家乡遭遇兵劫,不得已前往上海投奔远亲。可是刚一到上海,她便被歹人强奸,不幸怀上孩子,沦为舞女,又被富商看上,金屋藏娇。后来,她在极度绝望中离开了上海。从这部电影开始,白璐的"标准丫头"的银幕形象开始深入影迷的心,于是在她随后出演的几部影

[①] 《联华的伟制〈再会吧上海〉》,《现代新闻》1934年第5期。

片中,"标准丫头"的称谓已无揶揄之意,而成了一种昵称。

同年,白璐出演了孙瑜导演的新片《体育皇后》,由于表现出色,她一跃成为联华厂的新晋明星。"联华"的厂刊《联华画报》为此做了十分隆重的新人推荐,除去一幅增大号的照片以外,还在报道的标题中赫然写着"在《体育皇后》中发现的一颗新星——白璐"。

白璐,中华新闻摄影社关华石摄(《联华画报》1934年第14期)

仅仅一年的时间,白璐就从一个籍籍无名的话剧演员摇身一变,成了新晋的电影明星,变化不可谓不大。白璐的天真、孩子气又不失一种野性美的特质,使她逐渐成为联华二厂的同事所热捧的对象。"二厂"的人给她取了一个绰号叫"爱文义路小姐"。当时的《玲珑》杂志对此绰号的由来有过一番解释:

除了在联华出品的演员表里写着白璐之外，平时人家还叫她做璐璐的，但是二厂的谭友六却叫她做爱文义路，因为爱文义路者Avenue Road亦系路路也。这新名她也认为很新鲜而且象征着广阔，平坦，长远之义。于是立刻普遍起来，二厂的人都改称她做爱文义路小姐。①

显然，阮玲玉是不会称呼白璐为"爱文义路小姐"的，汤天绣等一众女星自然也不会这样称呼她，恐怕只有联华二厂的男明星或者男工作人员才会这样称呼她吧。想来，多少是有一点儿暧昧的意味在其中的。白璐在联华二厂，除去郑君里以外，自然不乏一二的爱慕者，而郑君里的同事蒋君超正是这"一二"的爱慕者之一，只是当时白璐正处于热恋的缘故才没有表露出来。出演完《体育皇后》，白璐的声名大噪，她的性格在这个时候也陡然发生了变化。原先那个热情的女人，那个天真、活泼、孩子气的女人已经开始变得任性，甚至是乖戾、暴躁起来，她与郑君里性格的巨大差异在这时终于充分地显露出来。两人"因性格不同，时有争吵，朋友们早就为他们担心"，而此时"郑君里的进益并不怎样好，钱却相当会花，所以时常两手空空，毫无积蓄。因此白璐渐渐地对他表示不满"②。

---

① 《白璐新名爱文义路》，《玲珑》1934年第4卷第14期，第890页。
② 《郑君里白璐判袂经过》，《电声》1936年第5卷第44期，第1167页。

为了缓和和白璐的矛盾，郑君里极力支持白璐到江湾的暨南大学念书，希望她暂时从演戏的事业里抽身出来，换个环境，换个心态。然而，在这个尴尬的光景里，不幸的事是接连地降临了：

> 父亲首先弃世，接着他亲爱的妹妹也死去了，但是，"一波未平，一波又起"，白璐岂告另有恋人，就是她在暨南大学里结识着一位南洋的富客。①

这位南洋富客姓钱，暨南大学四年级的学生，家里自是有钱。很快，白璐便与这位钱姓的大学生同居了，不久便传出怀孕的消息，而白璐竟真的为那钱姓大学生生了孩子！当时《电影新闻》杂志这样描述他失恋后的状态：

> 君里接受着空前的变故，刺激，他哀怨，他痛楚，他在人世上开始不安的彷徨，事后，他用理智压服了情感，他放弃了一切，埋头在事业上（电影戏剧）努力地干，这样，总算把他凄凉的心医治好了。后来——他遇着人便说："白璐是我的朋友"，为的是怕人和他开玩笑，说白璐是他的恋

---

① 《郑君里白璐判袂经过》，《电声》1936年第5卷第44期，第1167页。

人……①

白璐移情别恋,生下孩子后,她哪曾想过,喜剧的背后常常埋着悲剧的种子:

> 那位姓钱的突然变了,对白璐竟一天一天冷淡起来,甚至白璐到暨南大学去看那位姓钱的,他也不见她。这样白璐当然是十分悲哀了。据说那位姓钱的,最近和他一位女同学打得火热,男人心目中新的自然比旧的好,那位姓钱的就头也不掉的不采白璐了。②

自此以后,缘分散尽,郑君里的世界再没有白璐,白璐的世界也再无郑君里。然而,郑君里又是幸运的,他在人生失意之时遇见了与他相守一生的爱人——黄晨。

---

① 《老虎生小老虎,郑君里白璐恋爱史》,《电影新闻》1942年第34期。
② 《白璐使郑君里失恋,自己也被大学生遗弃》,《电声》1937年第6卷第20期,第878页。

半生得此一知己:"老虎"与"虎夫人"

1935年11月1日,上海业余剧人联合"联华""电通""华艺""新时代"等各大电影公司及艺术剧社,在上海金城大戏院第一次联合公演话剧《钦差大臣》①。该戏由万籁天、史东山、沈西苓、孙师毅、章泯导演,赵丹和万籁天任舞台监督,金山(饰钦差大臣)、左明(饰钦差仆人)、顾而已(饰县长),王莹(饰县长太太)、叶露茜(饰县长之女)、郑君里(饰审判官)、顾梦鹤(饰邮务局长)、蓝苹(饰木匠之妻)等人主

---

① 话剧《钦差大臣》,又译作《巡按》,1935—1936年,上海金城大戏院先后进行了三次联合公演。

演……这次公演一共演了四天八场[1],鲁迅先生也到"金城"观看了演出,观看演出的还有一位名叫黄祖榕的年轻女士。

1935年10月30日《申报》
上海金城大戏院《钦差大臣》公演广告

---

[1] 凌鹤:《〈巡按〉演出略评》,《中华》1935年第39期。

上海业余剧人在金城大戏院联合公演《钦差大臣》剧照，左下角为饰演审判官的郑君里

好友赵丹邀请黄祖榕来看戏，其实正是为撮合郑、黄二人。当晚演出结束，二人在后台经由赵丹介绍，第一次相见。这一见，便是一生。《电影新闻》杂志对二人的相识有过一次回顾：

> 赵丹和君里在金城大戏院上演话剧的时候，赵丹在无形中和君里做媒人，当日在金城的后台介绍一位又温柔，又漂亮，又有学问的黄晨小姐给君里，从此，很快很快，就像开

着"特别快车",君里与黄晨在八仙桥青年会宣告结婚了!此后,君里的心总算得女人的安慰了,真所谓"半生得此一知己",幸哉!幸哉!①

1936年10月25日,郑君里与黄晨在上海八仙桥青年会宣告结婚。考虑到郑君里的电影明星身份,为发布结婚启事时不被家里知道,黄晨将名字黄祖榕改为黄晨。②

二人的喜宴请帖通知如下:

> 我们今日在上海结婚。在时事艰难的今日,我们的结婚是很朴实的。我们不敢用铺张的仪典去传达这个喜讯,同时我们希望接受你的精神上的同情,当做真朴的礼物。此致××先生××女士。郑君里,黄晨同启,民国二十五年十月二十五日。③

结婚当天,前来贺喜的除了郑家的亲戚外,电影戏剧界有蔡楚生、孙瑜、史东山、胡萍、赵丹、陈燕燕、黎莉莉、安娥等

---

① 《老虎生小老虎,郑君里白璐恋爱史》,《电影新闻》1942年第34期。
② 关于黄祖榕改名黄晨一事,详情请参阅《我和君里》一书。
③ 《郑君里婚礼简记,仪式简单不用结婚证书》,《电声》1936年第5卷第43期,第1125页。

人,还有报社记者,很热闹,大概请了一二百人。①证婚人依然是大律师沈钧儒,他此前(1936年4月26日)在杭州六和塔为赵丹、叶露茜等新人证婚,而郑君里作为好友和介绍人参加了这场被影界一时传为佳话的集体婚礼。三对新人拍完集体婚礼合照后,"坐着划子到西湖去玩,郑君里又特别高兴地提议到白云庵去求签,到了白云庵,他又首先笑嘻嘻地跪上蒲团。当时,他求的婚签是这么一张:'五百里英雄在此,不知谁是状元郎'。他捧着签,就欢喜得什么也似的。虽然与旧恋白璐判袂,可是已有了一位黄晨小姐给他新的安慰"②。三对新人回沪后(1936年5月5日),于上海八仙桥青年会九楼举行招待宴,欢宴至亲好友,"群星毕至,艺人咸集"③,"到场者二三百人"④,整个过程喜气洋洋,热闹非凡。招待宴最后是全体合唱孙师毅作词、吕骥作曲的《六和婚礼贺曲》:

偎情郎,伴新娘,六和塔下影成双;决胜在情场,莫忘胡房到长江,莫忘胡房到长江!喝喜酒,闹洞房,五月潮高势正扬;共起赴沙场,同拯中华复沈阳,同拯中华复

---

① 黄晨口述,郑大里整理:《我和君里》,第29页。
② 《郑君里婚礼简记,仪式简单不用结婚证书》,《电声》1936年第5卷第43期,第1125页。
③ 《申报》1936年5月7日,第5版。
④ 《申报》1936年5月12日,第5版。

沈阳！①

  与六和塔三对新人的集体婚礼相比，郑君里和黄晨的婚礼仪式相当简单，不用请柬，只有一纸很简单的通知书，婚礼几乎是亲戚、朋友凑钱办的。当酒席散去，已是夜里十点钟。"许多朋友拥了新郎新娘出去，公请他俩上'丽都'去跳舞，藉资庆贺。"②黄晨女士在晚年的回忆录《我与君里》一书中，曾有这样的回忆："君里当时穷得要死，结婚没钱，还要到银行贷款，用借来的钱买家具，整房子。"③虽然，婚礼简陋，但这对新人在彼此的人生中，相互扶持，走过了许多年代，相比六和塔下三对新人——要么负心婚变；要么命运作弄，劳燕分飞；要么阴阳两隔，无法白头，不能不说是一种幸运。

  对于郑君里与黄晨结婚，当时有很多报纸发表了看法，虽然不免有些猜测的成分，但是大约也代表了不少人的想法，以下为《电声》和《星华》两家刊物对此事的评论：

    郑君里和黄晨，从相识到结婚，前后不到一年，他们这

---

① 《三对新人的招待宴，演出精彩笑料丰富》，《申报》1936年5月7日，第5版。
② 《郑君里婚礼简记，仪式简单不用结婚证书》，《电声》1936年第5卷第43期，第1125页。
③ 黄晨口述，郑大里整理：《我和君里》，第29页。

样加速的举行婚礼,对于白璐多少也有一点示威性质。①

这也许是对白璐杜小姐示威吧?不,白璐也有爱人,恐怕这多少带些泄气报复的成分了!②

郑君里、黄晨新婚不久,"业余剧人"在南京公演话剧《欲魔》时发生了一个意外的插曲,当时的《电影周报》用"一出甚见精彩的戏外戏"对郑君里、黄晨、白璐三人结怨作评,从此以后,郑、白二人终成路人。以下便是事情的原委:

"业余剧人"在京所演出的三出戏的次序,是依据在上海的卡尔登戏院公演时的先后为标准,起初三天先演《欲魔》,《欲魔》中有男女结婚的一幕,在上海时由郑君里饰新郎,刘莉影饰新娘,"业余剧人"到南京去上演,刘莉影忽不幸患病,不能参加,她所担任的新娘一角,遂由露露(按,即白璐)庖代,露露原是郑君里的爱人,后来感情上忽然有了裂痕,终于分散,郑君里不久便与一个"南京小姐"黄晨结婚……所以,当"业余"派露露替代刘莉影的新

---

① 《郑君里加速结婚含有示威性质》,《电声》1936年第5卷第44期,第1167页。

② 《今日有喜事:郑君里与黄晨女士结婚》,《星华》1936年第23期第22页。

娘角色，郑君里当即表示反对，理由是他的岳家在京，如被知道，有点不大好，但"业余"因为除了露露外，别无适合的人物可以代替，所以郑君里虽不惜以进退力争，也因为除了露露之外，确无其他适当的替代人物，只得勉强上演。不料在第一场将剧终的时候，郑君里的内子黄晨，忽然怒气冲冲的到了后台，声泪俱下的对着郑君里说："君里，你这样对得起我吗？你竟同她结婚了！叫我怎么见人啊……"同时黄晨又指桑骂槐地对着露露发作，后台一般人见了黄晨这样的将假作真，无理取闹，都不禁动了火，一致对黄晨痛责，但黄晨仍不准郑君里继续演下去，郑君里这时的态度是十足的懦怯的典型，一声不响，任黄晨对他大发雌威，结果第一场算是由郑君里演完，第二场郑君里是自甘雌伏，谨遵闺命，不列出台，而由他人代替。（后来应云卫入京，这个角色由应云卫自告奋勇，代表演出。）

当黄晨对露露发作时，白璐报之以冷笑，态度极佳，她只说："我现在不对你争辩，我绝对要演下去，这时候我以团体为重，待回上海后再向你交涉。"据说，目下不仅露露对黄晨在京时那种侮辱已提出交涉，"业余剧人"也已经向郑君里提出破坏纪律的责问，因为郑君里是"业余剧人"的主持者之一，主持者破坏剧团纪律，自然不能马虎了事的。

这事将来究竟如何，倒是颇难预测的了。①

公允地说，黄晨的"闹场"以至公然指责白璐，看似无理，实则也是性情所致，在她的角度，这无疑是对自己婚姻和爱情的捍卫。我们不妨再看看黄晨的回忆录对于婚事的记载，或许就能明白其中的许多了：

> 到谈婚论嫁的年纪了，当时有六个男孩子追求我，个别人现在还很有名气，他们的家庭情况一个比一个好，其中，两个人有自备轿车，我会开车、会骑马，都是十几二十岁时跟这些男朋友学的。
>
> 后来有朋友给我介绍了郑君里，他是最穷的——父母在天通庵路摆水果摊，房子也很破旧。但是我们只认识了一年就结婚了，我的这个选择，当然在我家引起轩然大波，父亲坚决反对，用断绝来往逼迫我，他知道我虽然个性向来倔强，但这一招对我可能最有效，因为我是个孝女。他反对的理由是因为郑君里穷，按他的想法，家里只有这么一个女孩，攀上一门好亲，过上好生活，全家的生活都可以得到改善。但我却有自己的想法，太外公对穷人的仁爱、宽厚和慈

---

① 银髯：《"业余剧人"在京公演的戏外戏》，《电影周报》1937年第8期。

悲,奶奶的去世,叔叔伯伯们的丧失人性,这些经历成了一个烙印,直接影响到后来我对丈夫的选择。①

细想想,个性倔强的黄晨不顾家里反对,和郑君里结婚,真是有点"才子佳人"私奔的意味。这一点,黄晨和白璐还是有些像的,骑马、开车,有点"野"又十分倔强的个性,在爱情上,必然会使出全力来捍卫的。

经历了这一波喧闹,"八·一三"战事前夕,白璐出走香港,就像她之前出演过的《再会吧,上海!》一样,与上海再会了。她到香港以后,意外地遇见了同样出走的蒋君超。在战时英人割据的香港岛上,远走他乡的孤独与寂寞使两个年轻人迅速地发展成了恋爱关系,并且闪电般结婚,誓言永无分离。可是,命运让他们在香港岛重逢,却又偏偏为他们预留了生离死别的位子。1947年,白璐、蒋君超夫妇二人返沪拍戏,白璐对下榻的酒店环境喧扰一事十分不满,于是二人又搬至中国国际饭店,白璐倒是很喜欢"国际"的安静。其实这就是她的性格,忠于内心感受而不愿迁就,而这回她没有那么幸运了。由于"国际"的电梯故障,白璐不慎跌落电梯井中,重伤不治,含恨离去。

1947年9月19日是白璐在中国殡仪馆开吊的日子,数百"联

---

① 黄晨口述,郑大里整理:《我和君里》,第12页。

华"旧同事、电影界同仁前往吊唁,名单中却独不见郑君里的名字。以下是当时电影界同仁吊唁白璐的情形:

> 九月十九日,中国的殡仪馆的门前人山人海,红星大导演影迷们打成一片,那天就是为白璐举行开吊的日子,是日也是圈内人到得很多,卜万仓、金焰、王人美、白杨、张俊祥、舒绣文等百余人,各界致送之挽联花圈总计亦在三百份以上……公祭时,主祭的是田汉,陪祭的洪深、夏云瑚、熊佛西等人,女的则为白杨、舒绣文、王人美、赵清阁,在祭奠完毕,凤子报告死者生平事略时,一字一泪,到后来简直哭得连话也说不出了……①

一代影星就此长眠。1967年,郑君里被隔离审查后,在狱中凭着记忆编写的《郑君里自编年表》涉及了一些他与白璐从相识到相爱再到分手的细节,从这份几近绝望的对往昔的回忆看,郑君里确实爱过白璐,也恨过白璐。这一切,在他人生即将落幕的时刻,都化作了历史的烟尘。请再看一次郑君里对这段往事的记述:

---

① 《一艺人从此长眠》,《青青电影》1947年第8期。

1933年，初夏

与白璐在新地剧社认识，吃、喝、逛马路，深夜才回闸北家里，剧联同志认为我蜕化，不来找我，关系中断，好久没有找我演戏，沈浮新来上海，编了个《出路》，交给郑基铎导演，这两个新手才找到我这个被冷淡的演员去演，可是我醉迷于谈恋爱，演得也不怎么认真；陈梦庚在淮海中路开跳舞学校，我和白经常去玩，学舞者顾梦鹤、刘莉影等，穷，扳"吃角子老虎机"碰运气。

1934年，春

在"联华一厂"拍《人生》《骨肉之恩》；写《三分做戏，七分做人》文章；与白璐游逛，（白璐）写《爱吃辣椒的女人》。

1935年，春

在上海舞台协会演出《水印灯下》，我与"剧联"恢复组织关系，与赵丹、唐纳、白璐等成立小组；父死，与白璐绝交；写《电影史》，有一个时期躲在家（福星路），不出门；据说二月份田汉、阳翰笙被捕。[1]

---

[1] 郑君里：《郑君里全集》（第八卷），第215—216页。

第四部

从银幕明星到电影导演的漫长转型

签订导演合同

　　1935年上半年，受经济不景气和常年战事的影响，联华影业公司不得不将各厂归并至一厂所在的徐家汇三角地，可是经营状况却始终未见好转，"以复兴国片运动飘扬于中国电影界的联华公司"①也终究是走上了穷途。各厂归并至一厂后不久，便发生了裁员和减薪的风潮。"六月中裁去四十名之多，不过其中大部分以工人占多数，未裁者，则一律减薪，分九折，八折，七

---

① 《联华公司继裁员之役，发生减薪风潮》，《电影新闻》1935年第4期。

折……"①另据《影舞新闻》报道,此次裁员、减薪可能更为严重,即"薪水一律以对折算,否则,裁去工作人员八十人以资弥补。"②此次裁员、减薪事件一直闹到1936年还没结束,又传出"联华"老职员"金擎宇谭友六自动辞职"③的消息。可见波及面之广,整个电影界因"联华"裁员减薪风潮的骨牌效应而进入严冬。

之前提到过的"联华"小生蒋君超就是在此次裁员中失业的。他失业以后,精神上受到打击,心情大坏,"他在霞飞路的电车上面打伤了一个售票员,差一点闹出了人命案件来,以至于下狱,还是他的一个在南京政府里做事的哥哥出来疏通,总算赔了几百元才得了事。"④蒋君超从狱中出来,急火攻心,害了一场大病,一病就是四五个月,靠着哥哥的救济维持生活。可是他演电影的志愿却没有动摇过,病一好,就托"联华"的旧同事朱石麟帮忙说项,可是"联华"此时也是人满为患,只能出不能进,他也只好干等着。

① 《联华公司继裁员之役,发生减薪风潮》,《电影新闻》1935年第4期。
② 大悲:《影界一片紧缩声:联华公司裁员减薪,希望这不是事实》,《影舞新闻》1935年第3期。
③ 《联华裁员声中金擎宇谭友六自动辞职》,《电声》1936年第5卷第7期,第173页。
④ 《蒋君超代郑君里:郑君里当导演,蔡楚生推荐过》,《中国电影》1937年第6期。

恰在此时，郑君里面临事业的转型，他在之前与联华公司订立的五年演员合同即将期满。是继续做演员还是寻求转型，成为郑君里眼下亟待决断的问题。其实，郑君里自1932年进入"联华"以来，光出演的电影就有十八部之多。1932年五部：《野玫瑰》《火山情血》《共赴国难》《粉红色的梦》《奋斗》；1933年一部：《出路》（《光明之路》）；1934年两部：《人生》《骨肉之恩》；1935年四部：《大路》《新女性》《国风》《天伦》；1936年三部：《迷途的羔羊》《孤城烈女》《联华交响曲之陌生人》；1937年三部：《艺海风光之话剧团》《慈母曲》

"联华"时期的郑君里（1935年4月的《中国电影明星大观》杂志，照片发表时的标题为联华之部：银坛骄子郑君里）

《摇钱树》。纵观这十八部电影,郑君里饰演的多是一些小生的角色,譬如《野玫瑰》中的街头画家,《共赴国难》中的三儿子,《人生》中的小职员,《大路》中的郑君,《新女性》中的于海涛……因而郑君里在"联华"和影迷心中,始终是一个"银幕小生"的印象。

在与"联华"订立演员合同的第五年,郑君里的内心其实对演戏多少是有些倦怠了,他虽然在出版界、戏剧界已有了很大的名气,但是说到底,他一直热衷并且视为事业的银幕表演其实一直未有很大的突破。这也是郑君里十分不满的地方。加之声片渐渐取代默片的趋势,他客观上也有许多力不从心的地方,比方说普通话发音不标准,时常夹杂一些广东口音。这一点毋庸讳言,郑君里的南国艺术学院的同学陈白尘就曾直接表达过类似的意思,他在《少年行》一书中说,郑君里这个例子"证明了田汉先生在野的私学之优越。即使在现在,郑君里去投考戏剧学院的表演系,他那口广东味的普通话,恐怕也是难于录取的!"[①]其实,就连郑君里的儿子郑大里也曾在访谈中公开承认过郑君里的普通话发音问题,他说:"父亲改行做导演,算是急流勇退。除去一直对自己的表演不满意外,父亲一直觉得自己是广东人,普通话说得不够标准。另外,很多演员演到一定程度都会走上导演

---

① 陈白尘:《少年行》,第179页。

道路，大概是觉得不过瘾吧。"① 郑君里之所以能在"联华"坚持拍了十八部电影而没有转型，也许还有一个时常被忽视的原因存在，那就是"联华"向来重视默片而忽视声片的营业策略。

1932年，郑君里进入联华公司不久，"联华二厂"便对外公布了其"划时代的转变计划"。据《开麦拉》的报道，联华公司对外公布的所谓"划时代的转变计划"即指："把中国电影的英雄主义化、空谷兰化的作品一笔勾去，换上一副新时代的面目，踏上现实的路径，杀开血路"②，但是"联华公司对于有声片，目前还是不敢尝试"③。其划时代的转变计划，依旧是以"无声片的作风"，从擅长的默片中寻求突围。

彼时，发轫于美国的有声片已经进入中国，"自明星公司《歌女红牡丹》出世后，一般素赖无声为生之国产电影公司，深恐本人之出品不受观众之欢迎，乃相率继起摄制声片，盖非此不足以争生存也。"④ 由此，中国不少的影片公司竞相开始了有声电影的试制，掀起了一阵"国产有声电影潮"。如"友联公司"

---

① 郑大里口述，李菁整理：《我的父亲郑君里》，《三联生活周刊》2008年第9期。
② 慕维通：《最近中国电影界之趋势：三大制片公司胸各成竹：明星新旧兼蓄，天一另有企图，联华第二厂实行"划时代的转变"计划》，《开麦拉》1932年第148期。
③ 同上。
④ 一乙：《国产有声电影潮》，《中国摄影学会画报》1931年第289期。

摄制的《虞美人》，其"收音工作较红牡丹为优，其余表演成绩亦在明星诸星之上焉"①。除明星、友联外，光华片上有声电影公司出品的《雨过天青》，在声音技术又有大幅提高，全片采用片上发音；"天一"出品的《歌场春色》《最后之爱》二片也全部采用片上发音技术，音质较"明星""友联"二片的蜡盘发音，要清晰得多。不久之后，主打声片技术路线的天一公司便坐上了主导国产声片市场的头一把交椅，而明星公司在营业上亦有独揽声片的野心，但是"联华则始终不改变它重视默片的态度"②。

至1934年，联华公司老板罗明佑见声片已成势头，有了想拍声片的打算。于是他向美国厂商预定了一台R.C.A收音机，"因为购买价十万，为数不少，虽向各方竭力张罗，终没能凑足款子，装运回来。"③于是他将这部机器的订购权移让给香港的"与利舞台"老板利希利，利希利购得此台机器，当即制定盈利计划：

---

① 慕维通：《最近中国电影界之趋势：三大制片公司胸各成竹：明星新旧兼蓄，天一另有企图，联华第二厂实行"划时代的转变"计划》，《开麦拉》1932年第148期。

② 郑君里：《现代中国电影史》，《郑君里全集》（第一卷），第50页。

③ 《蔡楚生不愿拍声片的原因》，《娱乐》1936年第2卷第32期，第636页。

第一部先将广东梅兰芳、薛觉重金聘定，签就了主演《毒玫瑰》合同，预计凭这一部片子，也如天一公司所拍《白金龙》一样，决可一举出本，获得十几万元的盈利，故于摄片事宜，亟亟进行，极为乐观。不料随后机器运到拍了许多片子，始终发音模糊，没法弄好，不久拍片停顿，无法为继……（于是）转向罗明佑接洽，随将该机由原价十万减为六万元，归其承买收回。联华在此一一转折间，虽得便宜四万元钱，但经运沪装配，大加修理之后，即幸差可敷衍，依然发音不好。因此蔡楚生坚决主张，非至相当满意，绝对不肯轻自牺牲。①

　　这就是蔡楚生不愿拍摄声片的原因，而"联华"拍摄声片的计划也再次耽搁下来。至1935年，"联华"一、二厂合并，"据云之有力表现，即为筹备开拍声片，但其经过，至为不利，声机甫经运到，台柱明星阮玲玉自杀身死，原定摄制声片《春到人间》之计划，乃被完全推翻。而机件装置后，发音模糊，屡试不佳，虽经竭力修理，迄未有效，是以有声影片之开始工作，依然遥遥无期。罗明佑此虽焦急万分，殊亦无能为力焉。"②

---

① 《蔡楚生不愿拍声片的原因》，《娱乐》1936年第2卷第32期，第636页。
② 《联华声机试音不妥：声片暂难开拍》，《电声》1935年第21期。

以上种种原因，致使"联华"声片的摄制一拖再拖，原来"明星""联华""天一"三大公司鼎足而峙的形势已在声片的浪潮中悄然发生了改变，"联华"逡巡不前，被"电通""艺华"迎头赶上，甚至相当一批小公司也以声片为号召，而号称三大公司之一的"联华"却独告落后，声片的摄制依旧遥遥无期。

其实，正是联华公司在1932年制订的"划时代的转变计划"（包括不改摄制默片的初衷和暂不摄制声片的方针），以及之后在声片摄制上的逡巡不前，才给了郑君里在事业上的调整时间。纵观郑君里在"联华"期间所演出的十八部电影，就有十三部默片，分别是：1932年五部，《野玫瑰》《火山情血》《共赴国难》《粉红色的梦》《奋斗》；1933年一部，《出路》（《光明之路》）；1934年两部，《人生》《骨肉之恩》；1935年四部，《大路》《新女性》《国风》《天伦》；1936年一部，《迷途的羔羊》。时间从1932年推进到1936年，"联华"第一部有声片在上海公演，至此"联华"终于迎来了它的声片时代，1936年至1937年两年间，郑君里就先后出演了五部声片，即《孤城烈女》《联华交响曲之陌生人》《艺海风光之话剧团》《慈母曲》《摇钱树》。之前演出默片时，还不会涉及国语发音的问题，可是在"联华"转向拍摄声片的时代，国语发音不标准就是实实在在的问题了。加之有些报纸杂志的批评，诸如"他本来就是一个从事戏剧运动的人，在银幕上，他常常地流露出了些舞台上的动作，因此使人看了有点不大顺眼。自从李清、梅熹加入联华后，他在联华小生中的地位，就渐渐跌落下来了"①云云。所以郑君里此时正处于表演事业的瓶颈期，而他所做出的从银幕表演转向导演事业的选择既是深思熟虑的结果，也是他急流勇退的明智之举。他之前"曾经一度当过蔡楚生的《王老五》的副导演"②，已有过一些转型导演的实际准备，蔡楚生等也向"联华"当局为他举荐过，而且他一直从事表演方面的学术研究和译著工作，已发表和翻译出版了《从舞台到银幕》（1933）、《我的演戏经验自述》、《论演技》、《谁做演员的导师》（1934）、《再论演技》（1935）、《演技六讲》（译作，1935—1937）等，使他丰富的表演理论可供用于日后的导演实践上。于是，在"联华"的两部年度声片大戏《慈母曲》《摇钱树》（1937）收尾后，郑君里没有再接续"联华"的演员合同，而是接受了其特聘导演的合同。据1937年《中国电影》杂志报道，郑君里特聘导演合同内容大致如下：

条件是每部戏的酬劳一千两百元，外剧本三百元一部，不取月薪，每年至少得拍一部影片……③

---

① 《蒋君超代郑君里：郑君里当导演，蔡楚生推荐过》，《中国电影》1937年第6期。
② 同上。
③ 影侦：《郑君里订定导演合同》，《电影周报》1937年第29期。

郑君里签订导演合同（《电影周报》1937年第29期）

郑君里签订导演合同后，亟待解决工作问题的蒋君超得以替补郑君里的名额，重回联华公司。可是，联华公司的欠薪事件却愈演愈烈，最终引发了罢工行动。其实，关于联华公司的欠薪问题，员工方面，原是一致团结，对公司的处境是很谅解的。但是，"公司当局诸人，彼此遇事推诿，全不负责；甚至避面不见，至于形成了无政府的状态，职工鉴此情形，大起恐慌；因决集合一体，断然行动，暂停工作；除了提出请发欠薪的要求之外，并将所有机构，全部扣存，声明非有解决办法以前，绝对不得移动。"[①] 在经济不足的危机中，"联华"当局商定出一个救济的办法，将新片向吴性栽抵押，以解欠薪之急。"《浪淘沙》

---

① 《吴性栽接洽中：钱业界组织银团，向联华投资三十万元：提出条件非常苛刻，内部大权均归编制》，《电影》1936年第5卷第27期，第647页。

押三万元,《到自然去》与《迷途的羔羊》押十万元,所以别的不计,仅此二笔押款,吴性栽在联华公司就有了十三万元的巨大押款。"① 在联华公司早几年的发展中,罗明佑系大权独揽,吴性栽系"简直像被遗弃了的一样"②,处处小心,受制于人。可是1935年到1936年两年间,联华公司发生资金断流,引发了裁员、减薪风潮之后,"联华"的内部权力结构渐渐发生了某种松动甚至是改变,以罗明佑、黎民伟为代表的"广东派"在联华公司逐渐失势。

吴性栽靠着背后强大的财力和资金运作,逐渐将"广东派"势力一一拔除,一跃成为联华公司的最大股东,掌握了绝对控制权。几轮谈判下来,"由吴性栽组织银团,向联华投资"③十万元,而罗明佑、黎民伟悉数退出,出走香港。联华公司难逃被改组的命运,最终由吴性栽所控制的银团公司——华安影业公司接管(1938年8月1日),仅在制片、发行方面保留"联华"的名称,由此,联华公司名存实亡。曾经的联华公司"三鼎足"导演孙瑜、费穆、蔡楚生也先后离去。改组后的"华安"虽在营业上有所进展,但并未维持多久,便随着日军全面侵华的铁骑,转瞬间化作了历史的烟尘。以下是根据1938年《现世报》"战时银幕

---

① 《联华公司前程命运》,《星华》1936年第9期。
② 同上。
③ 同上。

动态"的报道：

> 联华公司自归华安接办，在近两年的过程中，出片十余部，过去成绩，虽尚不坏；但为垫本甚巨，营业收入，缓不济急，即有应付能力，也不免于感及困难，而"八·一三"战事突然爆发，员工遣散，业务久停，更是一个重大的打击。①

在这样急骤的派系斗争和权力更迭中，郑君里这个刚签订导演合同的新晋导演自然难有出头之日，加上随之而来的战事，上海最终彻底沦为一座"孤岛"，沪上电影进入了"孤岛电影时期"。柯灵在《建立起戏剧电影的新战线——两年来孤岛戏剧电影的检讨（上）》一文中说：

> 在"八·一三"之前，电影界原有一个计划，向中央摄影场建议，就是在抗战期间，所有上海电影公司的机构和工作人员，全部并入中央，受中央支配，为国家效力，但后来计划未实现，只好大家散去。一部分人是勇敢的入了全民动员的队伍，分别投入南京中央摄影场和汉口制片厂，在

---

① 《现世报》1938年第1期。

前线和后方工作；另一部分则组织了剧团，西上四川主演话剧。①

郑君里就是"组织了剧团"，撤离上海的那批艺术家之一，他担任抗敌演剧队第三队队长，带队一路西进、北上，就如巴金的长篇小说《寒夜》里描述的那样，他们几乎就是被战争撵着跑的人，而再度回到上海，已是八年以后了。

---

① 柯灵：《建立起戏剧电影的新战线——两年来孤岛戏剧电影的检讨（上）》，《现代中国》1939年第22/23期。

留沪与赴港：沪上影剧人的前两条路线

日军全面侵华后，旋即又在上海挑起"八·一三"战事，很快，上海沦为一座孤岛。像"联华""天一""明星"这样的大公司也难逃时代厄运，先后在战争中停业。沪上影人开始大面积失业，谋生艰难。这期间有许多影人逃离孤岛上海，退守香港，以作一时之打算。《电星》杂志对沪上影人南下赴港有过记述：

> 上海变成"孤岛"以后，这真正是南海小岛的香港，倒是一时冠盖云集，群贤毕至起来。单说自上海南来的电影界名人，包括导演明星在内，也不下二三十人之多。真个是南

海风云日亟中的空前盛世。①

在这赴港人员的名单中,既有号称"五虎将"的蔡楚生、沈西苓、司徒慧敏、谭友六、苏怡几位,也有当红影星,胡蝶、袁美云、蒋君超、白璐、路明、陈锵然、徐琴芳等人。紧接着,王乃东、王元龙、王次龙、张翼等一行人也相继离沪赴港②,一时间香港电影界人才济济,为一时之冠。其中亦有不少文化界名人赴港躲避战祸,如作家茅盾、郭沫若,银行家章乃器,漫画家张光宇、张振宇兄弟等。"五虎将"甫一到港,就开始招兵买马,组建新时代影片公司,准备大干一场。司徒慧敏更是打响了沪上影人到港的第一炮,根据"八·一三"事变改编的《血溅宝山城》开始着手摄制,另有蔡楚生的《南海风云》也在紧锣密鼓的筹备中。

对于沪上电影人来说,南下赴港自然是一条出路,但也有一部分电影人,仍留在孤岛的上海:

> 据我自知道的,现在电影从业员仍留在上海的,有英茵、谈瑛、吴湄、陆露明、顾梦鹤、陈燕燕、夏霞、童月娟

---

① 李作民:《香港影人云集,五虎将合办新时代公司》,《电星》1938年第2期。
② 《南下影人集体北归》,《大众影讯》1943年第3卷,第26期第829页。

等。电影及舞台导演留在上海的有欧阳予倩、许幸之、尤竞等。这些戏剧和电影界的人员,在孤岛上,生活大致很穷困(但也有意外富丽的),电影一时无法复业,要这些人员自己谋生活,谈何容易?①

沪上进入"孤岛时间"后,大批失业的影剧人只好转变方针,来应付这艰难的生活。"青岛剧社"就是在这种情形下成立的。"这是一个庞大的组织,它拥抱了所有上海的戏剧工作者,又吸收了不少新的分子。"②该社的骨干人员,导演方面由欧阳予倩、许幸之、尤竞三位担任,演员方面有陆露明、英茵、吴湄、白虹等。在此国难当头,时事艰难的时刻,青岛剧社首要的营业宗旨,是解决影剧人的生计和活路问题,"是想演几出能叫座的戏剧,这样,可使生活有个办法"③。

自1938年元旦始,他们先后在新光大戏院公演了《雷雨》《日出》《欲魔》《女子公寓》《大雷雨》等剧。欧阳予倩等影剧人从戏剧方面着手,展开自救行动,他们的行动随之吸引了大

---

① 《孤岛上:为上海时局的转变许多电影从业员都流离四散地跑到内地去》,《抗战电影》1938年第1期。

② 柯灵:《建立起戏剧电影的新战线——两年来孤岛戏剧电影的检讨(上)》,《现代中国》1939年第22/23期。

③ 《孤岛上:为上海时局的转变许多电影从业员都流离四散地跑到内地去》,《抗战电影》1938年第1期。

批小剧团的参与,汇成洪流。自这以后——

> 上海的戏剧的空气逐渐的流动起来了。各种剧团都公开或半公开的争取着演出,许多小剧团的结晶体星期小剧场就先后陆续公演了《小丈夫》《越高上升》《结婚》《晚会》《黎明》等三十多个独幕剧。①

这便是历史上著名的"孤岛剧运"。在孤岛戏剧运动中,发生了感人的一幕,即便在生活困难的战时,沪上戏剧人仍然响应抗战的号召,组织义卖演出活动,支援前线战事,与沪上电影人在孤岛时期的表现形成强烈反差。这场义演活动,规模甚大,参加的戏剧团体很多,排定的节目如下:

> 上海剧艺社——人之初;互助剧团——花溅泪;银联剧团——缓期还债;华联剧团——醉生梦死;夜莺剧团——永久的朋友;保联,精武,益友,工华四剧团联合排演——阿Q正传;职妇剧团——大雷雨;中法剧艺学校——舞蹈;复旦剧团——生死恋,闻尚有其他剧团亦拟加入合作。②

---

① 柯灵:《建立起戏剧电影的新战线——两年来孤岛戏剧电影的检讨(下)》,《现代中国》1939年第24/25期。
② 《孤岛戏剧界的义卖运动》,《电影》1939年第40期。

其实，不单是留沪的影剧人生活艰难，连沪上的两家最重要的电影院线"金城"和"新光"也是一派萧条，勉强维持。这两家专映第一流国产电影的戏院，"也因没有新片改映三四流的西片"①。"新光"在最艰难的光景甚至萧条到靠上演评剧招徕观众的地步，平日也多半是由"青岛剧社"的话剧苦撑着。其他艰难度日的戏院还有：

大光明（静安寺路216号）、国泰（霞飞路868号）、南京（爱多亚路523号）、大上海（虞洽卿路500号）、中央（北海路247号）、丽都（贵州路239号）、巴黎（霞飞路550号）、光陆（博物院路142号）、光华（爱多亚路1440号）、西海（新闻路701号）、荣金（康悌路11号）、恩派亚（霞飞路85号）、辣斐（辣斐德路323号）、亚蒙（白尔路259号）、浙江（浙江路123号）、明星（帕克路301号）、九星（福煦路359号）、山西（北山西路470号）等。②

就新开映的国产片而言，情形也是相当惨淡的，绝少

---

① 《孤岛上：为上海时局的转变许多电影从业员都流离四散地跑到内地去》，《抗战电影》1938年第1期。
② 《孤岛指南（六）》，《现世报》1938年第8期。

有"八·一三"以后新的出品,像汤杰、桑淑贞的《鸿运高照》及艺华的《三零三大血案》都是在战前完成的。真正是"八·一三"以后的新出品,只有《飞来福》《乞丐千金》《古屋行尸记》《地狱探艳》等几部,也多是武侠、神鬼、僵尸、恐怖等类型,早几年已被市场和文艺界所唾弃。可是,戏院和电影公司要活命,也没有什么特别的办法,只能在魑魅魍魉、鬼影幢幢里打转。

淞沪会战结束不久,日军占领上海,对电影展开全面接管行动。从1937年12月下旬开始,国产影片在上海的日占区公映需接受日方的检查,请看《抗战电影》披露的一段材料:

> 十二月下旬某日,日方又邀请中国电影公司负责人,在华懋饭店开了一次茶会。那次被邀请的,只有新华,艺华,林华三家公司的代表。其余如明星,华安都没有接到通知……日方代表很客气,当场宣布了一点,是:目下经日方占领区域,仍然可以摄制或开映中国影片,但是需先送到虹口东和电影院检查,略收检查费。通过以后,即以日军占领区域通行无阻,惟平津不在其内,大概那边另有日方的检察权的缘故。[①]

---

① 《孤岛上:电影需受日人检查》,《抗战电影》1938年第1期。

于是情况更加地坏下去。国民政府的"电检"制度尚能保全一部分现实题材的影片,早前左翼电影运动中产生的一系列强而有力的反映现实的影片便是实证。可是,在日据的上海,电影由于在经济、舆论宣传方面的有效性,便先于戏剧被日人盯上。日人"电检"的严苛程度绝不能和国民政府的电检委员会相提并论,凡是不利于日人殖民的影片当然是要禁映的,而国民政府的电检委员会毕竟是以国家文化部门合法的姿态来制定电检条例的,其文化的宽容度、受文化界的制约的成分自不必多言。那么,留沪的上海影人能摄制什么样的影片,电影院又能放映什么样的影片,当然是早就被规定好了的。持续三个多月的淞沪会战结束以后,留沪的各影业公司才在战争的阴霾中渐渐缓过气儿来。为营业计,电影公司和影院老板不得不"吃起老本",重摄或重映早被唾弃的武侠、神鬼、僵尸、恐怖、艳情等影片,使得中国电影业又轮回到十年前的无序和混乱当中。

趁此国产电影业颓败之机,西片《古国艳乘》《隐身术》《神仙世界》《僵尸》《煤油灯》等神鬼、僵尸、艳情片一时间便在各大戏院卷土重来,席卷了中国电影业。而此时的国片全无招架之力,只能吃老本、苟延残喘下去,十八集《火烧红莲寺》更是国产旧片大面积公映的一个序曲。接下去的国产电影业,像《冷月诗魂》《XX人猿》一类混杂香艳、肉感、恐怖侦探、僵尸鬼怪诸元素的旧片和翻拍片就如雨后春笋,喧闹不休。"电影界先前尚有电检会加以统制,到此,电影界乃成为一头失去缰绳的野马,像狂也似的恢复到初期电影那种'狂放'的态度。"①可是,"无论是重映或重摄,有一点风格是共同的,那便是,不论国片和外片,都只是在神怪和色情中兜圈子——旧片重映的圈子,依旧和'国片新摄'的圈子一样:太狭太狭!"②。沪上电影人此举招来的非议,确如当时报刊激烈批评之声:

> 在大腿、媚眼的"点缀"之下,我们又觉得有点"鬼影幢幢",这在稍有思想的人,无论如何总觉得是不对的。于是乎,这乌烟瘴气的孤岛电影,终引起了上海文化界的注意,(文化界同仁集体发表了)一种严词义正地劝告电影从业员的联合宣言。我们读了这宣言,尤其是对于电影从业员忠告的三点,觉得在乌烟瘴气的圈圈里打滚的影人们实有遵从的必要,不然他们必将为时代所弃,他们非但不能负电影教育的使命,还算得是"文化罪人"。③

文化界对于"孤岛"电影人"荼毒文化"、身份立场缺失等一系列的责问,最终汇成了由五十余人联名发表的一份《上海

---

① 《一年来孤岛电影之检讨》,《电声》1938年第43期。
② 《我们的话:文化界与孤岛电影》,《电声》1938年第47期。
③ 《一年来孤岛电影之检讨》,《电声》1938年第43期。

文化界联合宣言》，以敬告沪上电影界猛省，以下是宣言的三点要求：

（一）誓不与来源不明之公司合作。

（二）拒绝摄制神怪片及一切背反非常时间电影检查条例的影片（守法是每个公民的责任和义务）。

（三）尽力摄制鼓动向上的，有积极意味的影片。①

自宣言发表后，遭沪上电影界人士抗议，《电声》杂志希望影界人士登报以作回应，却遭断然拒绝，电影人以"不登广告"作为示威和漠视，后终经《电声》数度往来商洽，电影人与文化界人士最终达成谅解，于杯酒中冰释前嫌。在和解晚宴中，文化界人士再次提出"电影界应该制作些有良心的作品"，"愿为影界提供优质剧本，以解决剧本荒的问题"等几条。而影界的回应则颇值得注意：

电影界以为——一、电影界（至少两巨头所代表或有关的公司）从没有想干过昧尽天良的事；二、剧本荒既有影评人及文化人帮忙，自然很好，不过，资本荒可不是上述的两

---

① 《孤岛电影乌烟瘴气，上海文化界发联合宣言》，《电声》1938年第47期。

种人能够帮忙的了……影片公司不得不同时顾到生意眼。①

　　孤岛电影的乱象，在战时的中国并非个别的现象。日人占领华北、华东地区后，国产影片在日占区也需受日人检查，致使国民政府电影检查委员部分地丧失统制全国电影市场的效力，在"电检会"权力无法到达之区域，影片公司为营业考虑，必然是"神怪""僵尸"出道，"风月艳情"泛滥成风。

　　加上稍早前日人在北平成立的华北电影股份有限公司，已经基本形成对于整个日占区（华北、华中、华东等地区）电影的摄制、发行和放映网络的统制局面。在这种情形下，沪上电影人所制作的一切影片无一例外均需日人审查、发行和统一院线调配，于是电影界不少人为求生存，难有作为，只能继续在魑魅魍魉、鬼影幢幢里打转。

　　面对沪上电影被日人统制的局面，华南电影人决心发起一场"电影清洁运动"。"在过去时期，因政治关系，电影检查未能抵达两广，迨统一后，又遭战争，故各种神怪影片，依然存在。"②在这种情形下，国民党政府中央派出特派员徐浩赴粤、

---

① 《孤岛文化界人与电影界携手，所提三点，在杯酒叙谈之后成立谅解》，《电声》1939年第3期。
② 《徐浩在招待文化电影界席上申述中央决心改进华南电影》，《电影》1938年第6期。

港两地成立了"非常时期电影检查所",并亲任主任,行使非常时期电影检查委员会一般权力。非常时期电影检查所将严厉取缔以下几种电影:

(一)无聊,污俗的民间故事。

(二)迷信,诲淫,诲盗的题材。

(三)一切粗制滥造的作品。

(四)违反抗战的一切影片。①

在"检查所"成立的电影界人士茶话会上,钱广人、苏怡、赵树荣、卢敦、司徒慧敏、侯曜、邵醉翁、李化、蔡楚生等数十人出席。②此后,留沪和赴港的沪上电影人在全民抗战的号召之下,形成一北一南遥相呼应的态势,出品了不少契合抗日救亡主题的精品佳作。华南电影人掀起的"电影清洁运动"立即受到了沪上影人的支持,沪上影人聚拢在欧阳予倩、卜万仓、张石川、于玲、吴仞之、柯灵等人周围,摄制了像《木兰从军》(1939,欧阳予倩编剧、卜万仓导演)《花溅泪》(1941,于玲

---

① 流火:《我们要求有良心的清道夫们共同努力来一次:孤岛电影清洁运动》,《舞风》1938年第12期。

② 《徐浩在招待文化电影界席上申述中央决心改进华南电影》,《电影》1938年第6期。

编剧,张石川、郑小秋导演)、《乱世风光》(1941,柯灵编剧,吴仞之导演)等一批抗战电影;而赴港的沪上电影人则聚拢在蔡楚生、司徒慧敏、夏衍、汤晓丹等人周围,拍摄了《孤岛天堂》(1939,蔡楚生编剧、导演)、《白云故乡》(1940,夏衍编剧、司徒慧敏导演)、《前程万里》(1941,蔡楚生编剧、导演)等国语片;拍摄的粤语片有:《血溅宝山城》(1938,蔡楚生、司徒慧敏联合编剧,司徒慧敏导演)、《游击进行曲》(1941,蔡楚生编剧,司徒慧敏导演)、《小老虎》(1941,罗志雄编剧,李枫导演)、《民族的吼声》(1941,李枫编剧,汤晓丹导演)等。

1941年12月7日,太平洋战争爆发,翌日日军进攻香港。

香港影业停顿,这批谋出路的南下影人,便成了失业者,于是便有人组话剧团登台演戏,但也不能维持,因此便有人预备重新回沪了。首先回沪的是"反派小生"王乃东,继之"大力士"彭飞也抵沪上。最近王元龙有信致沪上友好,预备全体反沪。路明,张翼等一行在内。[①]

此时上海的环境亦很复杂,为日人占领,这些影人选择回沪也是无奈之举。战争时期,香港通道堵绝后,底片被日人控制,

---

① 生:《南下影人集体北归》,《大众影讯》1943年第26期。

回沪拍片虽是艰难，但也不失为一个选择。而另一波南下赴港的影剧人，不少选择前往祖国大后方，像"夏衍、蔡楚生等从香港逃难到桂林"①，继续从事艺术工作。

随着日占区的不断扩大，日人控制整个中国电影市场的野心也随之膨胀起来。1943年5月12日，中华电影股份有限公司（"中华"）、中华联合制片股份有限公司（"中联"）与上海影院股份有限公司（"上海影院公司"）合并，"以中储券五千万元"②资本在上海成立了中华电影联合股份有限公司，简称"华影"，林柏生任董事长，日人川喜多长政任副董事长。"华影"重新整合了三家公司相对分散的资源网络，以巧取豪夺的方式打压中国本土电影公司，先后将联华影业公司在上海的三个制片厂占去两个，即厂址设在海格路丁香花园的新华总厂（联华一厂）和厂址设在徐家汇三角地的"华成"（联华三厂）。"故事实上，该公司已可称远东之最大制片组织。"③我们不妨看看"华影"到底攫取了哪些特权：

> 该公司系遵照宣传部颁布之中国电影事业统筹办法而组

---

① 郑君里：《郑君里全集》（第八卷），第223页。
② 《新兴公司厂家调查录：中华电影联合股份有限公司》，《企业周刊》1943年第22期。
③ 城：《公司内容一斑：中华电影联合股份有限公司（下）》，《华股日报》1943年第383期。

织，在业务上享有专利特权，至其业务范围，可分述如左：

一、影片之摄制即摄影场之经营

二、影片之发行及输出输入

三、影院之设立及经营

四、巡回放映事业之经营

五、有关电影科学艺术研究所之设立及经营

六、有关电影学校及图书馆影片馆之经营

七、小型电影之制作发行

八、对于同类事业之投资及资金通融

九、其他高尚娱乐事业前列各项之附属业务[①]

随着南下的归沪影人和留沪影人纷纷加入"华影"，一时之间，这个由日人实际操控的中华电影联合股份有限公司人才济济，远远超越了"明星""天一""联华"鼎盛时期的声势。导演有张善琨、卜万仓、徐欣夫、朱石麟、李萍倩、杨小仲、张石川、方沛霖、岳枫、何兆璋、屠光启、孙敬、王引、郑小秋、文逸民、舒适、黄汉、韩兰根、吴文超、马徐维邦、高梨痕、刘琼等22人；男演员有高占非、梅熹、王元龙、顾也鲁、王乃东、黄河、严俊、徐立、黎明、沈亚伦、严岩、秦桐、周文彬、韩兰

---

① 城：《公司内容一斑：中华电影联合股份有限公司（下）》，《华股日报》1943年第383期。

根、殷秀岑、严化、徐莘园、姜明、洪警铃、徐枫等62人；女演员有袁美云、陈燕燕、周漫华、李丽华、胡枫、李红、周璇、龚秋霞、王熙春、白光、王丹凤、慕容婉儿、陈娟娟、言慧珠、童月娟等64人。①

同年12月，上海影院公司成立，该公司实际上是由日人主要控股而成的一家院线联合发行机构，由"大上海、新光、沪光等第一流国产戏院之统合组织，所有上海影院，几已全部归其统制"②。

无疑，此时的"华影"已经形成从制片到发行再到放映三位一体、十分完整的产业体系，其一年来摄制的影片数量就高达四五十部之多，如《蝴蝶夫人》《风流世家》《白衣天使》《卖花女》《恨不相逢未嫁时》《牡丹花下》《春》《秋》《并蒂莲》《慈母心》《蔷薇处处开》《珠联璧合》《不如归》《芳华虚度》《两代女性》《宝云塔》《四姊妹》《良宵花弄月》《寒山夜雨》《长恨天》等。③有资料显示：至日本投降、中国抗战胜利的几年间，"华影"所出品的影片近130部，纵观这些影片，既有宣扬所谓"中日亲善""共存共荣"的《春江遗恨》等

---

① 陶亢德、邱石木：《中华电影联合股份有限公司的成立》，第1063—1064页。
② 城：《公司内容一斑：中华电影联合股份有限公司（中）》，《华股日报》1943年第382期。
③ 同上。

影片，也有迷惑中国观众，拍摄的不少以恋爱为中心的影片。[①]

全面抗战时期沪上影剧人留沪与赴港的两条路线及其二者最后的"呼应"与"联合"，实际构成了整个华东、华南亦或大半个中国的影剧面貌。"八·一三"战事至太平洋战争爆发，即所谓孤岛时期，这一阶段沪上电影在日人的电影检查之下，武侠、神鬼、僵尸、恐怖、艳情等影片肆虐横行，初步构成了孤岛电影景观。华南电影人发起电影清洁运动后，孤岛电影的面貌随之焕然一新，出品了一些凝聚民族意志的进步电影，构成了孤岛电影景观的底色。太平洋战争爆发至抗日战争胜利期间，日人完全占领上海，其统制中国电影的野心也随之膨胀起来，并以代理人的方式加紧对电影制片、发行、放映网络进行全面整合与控制，对国产影片公司以巧取豪夺的方式进行打压，造成国产影片公司几乎尽数停业，丧失生产能力，大量沪上影人涌入日人实际控制的"华影"。在随后数年内，日人控制的影片公司所生产出的大量家庭伦理、都市爱情、桃色艳情片以及宣扬"中日亲善""共存共荣"的影片和纪录片，构成了这一阶段上海电影的基本面貌。无论是孤岛时期还是后来日人全面统制上海电影的时期，其实是有其内在逻辑和延续性的，也是日人对中国文化殖民由浅入深、由表及里的过程。

[①] 张浩主编：《电影作品分析教程》（第2版），北京：国防工业出版社，2016年，第139页。

西进—北上：
沪上影剧人的第三条路线

"八·一三"以后，既没有选择留沪，也没有赴港的，是以郑君里为代表的第三条路线——西进、北上路线。1938年的《电影》杂志对此有过报道：

> 去年战事发生后，影界从业员们一部分西上川汉，一部分逗留"孤岛"。"去"的固是热心，"留"的也却未必便是凉血，不过留在上海的忘了祖宗三代的混蛋并不是没有。这是我的看法；而在汉口，有人的看法就不同了，他们以为住在上海的影界中人，纵然不是"叛徒"，也总有点靠不大

住,否则,若不是负有特殊使命的人,为什么不一同退到内地去呢?中国制片厂的大员郑用之,据说就是这样看待留居上海从业员们的一个。我不想为逗留"孤岛"的影界从业员,及至一切文化人辩护,不过,我以为把这里的人都加以歧视是不必的,在证据未确实获得以前,我们不能随意给戴上帽子,何况,这里的人,到底都还没有"心死"——除了极少数的败类以外。①

文中出现的"中国制片厂的大员"即是时任中国电影制片厂厂长的郑用之。抗日战争爆发后,汉口摄影场改名为中国电影制片厂(简称"中制"),郑用之任厂长。大批进步从影人员进入"中制"②,郑君里就是那一时期进入中国电影制片厂的进步从影人员之一。

1937年,"八·一三"战事一起,当时武装起来的上海戏剧界,在话剧界救亡协会的主持之下,"将上海所有的剧人加以战时的编配,组织成十个救亡演剧队,那些本来都带着极其浓厚的浪漫色彩的青年男女,开始在大轰炸中离开上海,向北国,向南方,向中原的大野和西部的山峦地带出发,以戏剧的武器,向内地播送抗战的种子,一直到现在,有许多救亡剧团都还在后方

---

① 《影坛杂话:孤岛上的电影从业员》,《电影》1938年第5期。
② 孙晓芬:《郑用之从影记》,《民国春秋》1994年第6期。

和前线,甚至游击区中做着他们庄严神圣的工作。"①郑君里所在的业余实验剧团被"话剧界救亡协会"一分为二,组织成"救亡演剧第三队、第四队离沪"②。郑君里任"救亡演剧第三队"队长。实际上这些随战事转移和流动的演剧队在战时扮演着凝聚民众抗战意志、慰劳前线伤兵、宣传抗战等角色。救亡演剧队先由浙江至武汉,再转重庆,奔长沙,过西北,一路西进、北上,几乎穿越了大半个中国。郑君里由此开启了一段颠沛流离的"逃难"生涯。但这一路,始终有一个女人常伴左右,那就是他相随一生的爱人——虎夫人,黄晨。

当时郑君里先随演剧队撤离上海,黄晨已有七八个月身孕,留沪待产,"和婆婆住在一道,没有收入,他们家里还拖了一堆亲戚,我父母又远在南京,生计都成问题了"③。于是,黄晨急了,挺着大肚子,一路追演剧队追到苏州,才与丈夫汇合。可是,演剧队要四处跑,条件比家里还差:

> 演剧队就是个草台班,你到哪儿,就弄辆车子,车子往马路上一横,就是舞台,就在上头唱啊跳啊演开了,不

---

① 《孤岛上:为上海时局的转变许多电影从业员都流离四散地跑到内地去》,《抗战电影》1938年第1期。
② 郑君里:《郑君里全集》(第八卷),第217页。
③ 黄晨口述,郑大里整理:《我和君里》,第44页。

做宣传时,大家拎着包袱赶路,有一顿没一顿的,完全是游击似的。那时期有很多很好的歌,像《大刀向鬼子们的头上砍去》《我的家在东北松花江上》等等,"舞台"上唱,行进时也唱,我这时的头等大事是生孩子,没有参加他们的宣传,连那些歌都不太知道,完完全全是个家庭妇女。①

郑君里与黄晨的大儿子郑大畏就是在逃难途中出世的。这时黄晨已经怀胎十个月了,超出了预产期。随行救亡演剧队的野战医院条件又十分简陋,致使黄晨的生产过程十分痛苦:

> 没有器材,药物短缺,更没有剖腹的器具,生了四天四夜,最后产道的四个口都被剪开,硬是用产钳把孩子拉出来的,那个痛那个苦,真是一言难尽!生完孩子,冬天哪,我一身衣服都湿得绞得出水。君里看见我的痛苦,扯着自己的头发,一个大男人,哇哇地哭着,这是我第一次,也是最后一次看到他那么大声地哭。孩子很健康,足有十斤,这对我这个初次当妈的女人来说,一切痛苦都值得了。②

---

① 黄晨口述,郑大里整理:《我和君里》,第45页。
② 同上书,第46页。

郑君里既要照顾爱人和孩子,又要在战地街头演出,宣传抗战。逃难的日子异常艰辛,日本人的飞机大炮又在屁股后面狂轰滥炸,一家人只能和演剧队一路走,一路宣传,如同四处流亡的难民。终于,在1937年的12月初,抗敌演剧队成功到达了大后方武汉,郑君里的战时漂泊岁月才暂时告一段落。

此时,正值第二次国共合作时期,原国民党训政处改为政治部,陈诚、周恩来分别任正、副部长,郭沫若任政治部第三厅厅长,田汉任处长。第三厅下设电影、戏剧、美术三科,郑用之为电影科长,兼任中国电影制片厂厂长,戏剧、美术二科科长由洪深、吕霞光分任,画家叶浅予任漫画宣传队队长。史东山则任电影科主任科员,应云卫、金山等任科员。"郭沫若系中将头衔,田汉为少将头衔,郑用之亦少将,史东山为上校,应云卫与叶浅予为中校,金山等为少校,每人都是戎装革履,佩剑带枪,颇为神气"。①

彼时,郑君里所属的"业余实验剧团",即战时拆分成的救亡演剧第三、第四队被第三厅戏剧科整编为"抗敌剧团",后因分赴各战地工作的需要,又将团改为队,"每队二十五人,共分十队,组织较前扩大而且严密"②。文艺工作者除了日常演出之

---

① 《郭沫若任政治部第三厅长,中国电影制片厂受其管辖》,《电星》1938年第11期。
② 《抗敌剧团武装起来了》,《中华》1938年第71期。

外,还要参加严格的军事训练。抗敌剧团受训完成后,政治部长陈诚,亲临检阅,并授队旗。[①]

"武装了的艺人,接受严格军事训练,处长田汉向受训队员训话"
(《中华》1938年第71期)

"戏剧在内地:郑君里等在受训时之留影"。后排左一站立者为郑君里,
图片摄于武汉抗敌剧团时期(《电影》1939年56期)

---

① 《抗敌剧团武装起来了》,《中华》1938年第71期。

在抗敌剧团，郑君里任团长，徐韬任副团长。相较于救亡演剧队朝不保夕的"逃难"生涯，入编抗敌剧团，使他们每个人都过上了较为安稳的生活：

> 每月由政治部津贴一千一百元，做团员生活费及办公费。每人每月派得二十元，二十元内又除去伙食八元，实际上每人仅得十二元，生活不能算得怎样充裕，但大家都很兴奋，工作非常努力。郑君里每月除二十元外，另有车马费五十元，但老郑却也漂亮，不愿把车马费用来坐车乘马。每月五十元到手时，总是立刻拿出来请全体团员大吃一顿。①

在此期间，郑君里完成了《抗战戏剧运动草案》。在《抗战戏剧运动草案》中，郑君里提出抗战戏剧的任务和使命：

> 自抗战开展后，中国戏剧运动一新的阶段，其主观与客观的条件都已变革。戏剧运动受抗战所动员，为保障抗战的胜利而存在。因此现阶段的戏剧运动必然是中国民族解放运动底实践之一部。在保障抗战胜利的任务前，演剧不仅要发挥其宣传和教育民众的效能，而且要加强其组织和领导的作

---

① 予予：《本刊汉口特约航空通讯：每人生活费二十元》，《电声》1938年第10期。

用，为组织民众的目的而进行宣传，并领导组织的力量参加抗战。使宣传组织领导诸工作发生统一的联系，始可称为政治军事底动力之一部。①

这既是郑君里抗战以来对抗战戏剧运动的总结，也是他身体力行的戏剧实践。在这一时期，抗战戏剧主要发挥的是"宣传和教育民众的效能"，在战争中组织起来的戏剧艺术工作者亦是紧紧围绕这一效能开展戏剧工作的。

譬如，日人挑起"八·一三"战事后，郑君里就作为救亡演剧第三队队长先后带领队员赴苏州、常州、镇江等地演出抗战戏剧《放下你的鞭子》《最后一计》《毒药》《三江好》等；救亡演剧队改编为"抗敌剧团"以后，郑君里又带队在南京、芜湖、安庆、九江、武汉一带演出《八百壮士》《我们的故乡》《秋阳》《为和平而战》等；在"西北巡回教育班"时期，郑君里一边拍摄"中制"的纪录片《西北特辑》，一边排《一年间》《夜光杯》《狂欢之夜》三部话剧。从这些话剧的内容来看，全部属于抗战戏剧的范畴，而这也并非郑君里独有的现象，就整个大后方的演剧来说，所排演的戏剧也多是抗战戏剧。

再以中国万岁剧团为例。中国万岁剧团成立于1939年，"是

---

① 郑君里：《抗战戏剧运动草案》，《抗战戏剧》1938年第5期。

军事委员会政治部直属的一个艺术单位,和中国电影制片厂是一而二,二而一的一个团体;电影便用'中制',话剧便用'中万'。"①。以国家力量组建起的"中万剧团"可谓全明星阵容,演员有:舒绣文、章曼萍、凤子、黎莉莉、秦怡、吴茵、陶金、陈天国、孙坚白、王豪、张冀等;编导有:史东山、司徒慧敏、王瑞麟、马彦祥、应云卫等。"中万剧团"平均每年排演三出戏,至抗战结束,他们在大后方已经排演了不下20出大戏。战后,"中万"曾自己选出一份保留剧目:

《中国万岁》(唐纳编剧),《夜上海》(于玲编),《陌上秋》(陈白尘编),《上海屋檐下》(夏衍编),《虎符》(郭沫若编),《蜕变》(曹禺编),《桃花扇》(周炎编)。②

从这些剧目来看,抗战的戏剧无疑是战时所有剧人在艺术上的主轴,即,戏剧成为配合战时国家在宣传抗战、教育和动员民众方面的一种手段和工具。

在战时国家被纳入这一主轴的,还有"孩子剧团"。1937年9月3日,孩子剧团在上海法租界的一处难民收容所里成立。傅承

---

① 欧阳谦:《中国万岁剧团》,《大都会》1946年第1期。
② 同上。

谟、强云秋两位孩子团员自述云：

"八·一三"抗战爆发了。我们都是一些住在沪东战区里的孩子。家、学校给毁了。有的家属也给冲散了。大家就只好逃到法租界的收容所里来。整天的吃了睡，睡了吃，就过着所谓"小难民"的生活。因为我们感到这样的生活太没有意思，在这时候，应该拿出全副的力量，和大人一样地来参加抗战，所以我们就召集了一些同学。开始做着比较简单的工作——出壁报，教难童唱歌识字。仅在我们住的一个收容所里工作。后来因为要到另外更多的地方去宣传，为了工作的便利，我们就组织一个团体，用什么名义呢？我们大家就想，我们都是小孩子，是以戏剧为中心来宣传的，好吧！就取名叫"孩子剧团"，在民国二十六年九月三日那天正式地成立了！在当时，我们没有钱，没有工作经验，演戏没有道具服装，被巡捕房拉去坐牢间，并且还遭受到收容所当局的逐出令："你们这些小家伙，真混蛋极了，有饭给你们吃还不识相，还要做他妈的什么抗战工作，如果再这样胡闹的话，请你们马上滚出去……"还有人骂我们是"戏班子"、"跑码头"。在这样的情形下，我们是丝毫没有害怕！畏缩！相反地更加紧了我们的工作，来换取大先生们的同情和帮助，我们时常调皮地说着："没有钱吗？去募捐啊！""要我们滚蛋吗？没有关系，换一个地方照样做着我们的抗战工作！""孩子剧团"怎样产生的呢？我们很简单地说："是从什么也没有和什么也不怕的情形下产生出来的！"①

孩子剧团成员合影（《展望》1939年第5期）

孩子剧团离开上海以后，一路走，一路演，走了几千里路，终于来到了武汉。他们在武汉工作三个月后，正式为政治部第三厅收编，于是孩子剧团成为国家力量组织的一个全国性儿童演出团体。这在抗战初期，时事艰难的时刻，孩子剧团遂成了"中

---

① 傅承谟：《强云秋·两年来的孩子剧团》，《剧场艺术》1940年第4期。

国不会亡"的符号和象征,颇具鼓舞全国抗战意志的作用。时任政治部第三厅厅长的郭沫若在武汉见到孩子剧团的小成员时说:"和他们见了面,真是受着了莫大的感动,是我们这一辈人太不中用,没有把国家弄好,以致弄得一群孩子失去了他们所应有的一切保障和教养,而他们却自行组织了起来,工作做得满好,能够自己教育自己,我们中国有这样的孩子,中国是绝对不会亡的……"①茅盾亦在《记孩子剧团》一文中,以孩子剧团的逃难和宣传抗日演剧经验鼓舞民众,他说:"在洪流中,他们这小小的单位跳跃着,滚腾着,他们的天真、坚决、勇敢,青春的吼声,报告了民族前途的光明!看呀,日本帝国主义残杀了我们民族千万的男女,然而我们民族复兴的后备军已经在炮火中长成。"并称赞"孩子剧团"是"抗战血泊中产生的一朵奇花"②。孩子剧团出现在中国抗战节节败退的时刻,他们的精神无疑对中国的抗战具有莫大的鼓舞作用,中国的孩子这样坚强,中国怎么会亡!

从以上几处材料便可知悉,战时国家,无论是大人还是孩子,只要于抗战有利,都会被纳入到宣传、动员和鼓舞抗战,凝聚国家和民族意志这一主轴上来。

---

① 郭沫若:《我们大人们学学孩子罢:上海孩子剧团滚蛋出来了》,《公教周刊》1938年第42期。
② 茅盾:《记孩子剧团》,《少年先锋》1938年第2期。

1938年6月,武汉会战前夕。在"三厅"领导下,抗敌剧团改为抗敌演剧队第一、第二队,一队由徐韬任队长,二队由郑君里任队长,在武汉市区与近郊演出。陈诚训话说:"十个演剧队抵得上十个师的兵力。"[1]不久,在汉的中国电影制片厂、中国万岁剧团、孩子剧团、抗敌演剧队先后撤离,向重庆转移。郑君里"想到抗战一年,王为一等已做了导演,自己业务落空,抗战要长期化,决心抓业务,决定离队,便随二队到长沙,当时二队划归第九战区,便把番号改为抗敌演剧第九队"[2]。恰在此时,郑君里在长沙遇到了孩子剧团,便被派到孩子剧团当指导员,带着该团经长沙、桂林、贵阳,最后到达重庆。[3]

为配合抗战宣传,"中制"成为抗战新闻纪录片的基地,其"摄制的新闻纪录片完全是围绕着抗战内容"[4]。1939年2月,"三厅"派郑君里参加西北巡回教育班,中国电影制片厂厂长郑用之委托郑君里拍摄新闻片《西北特辑》,郑还派了一个摄影小组配合其工作。小组奔赴西安、宁夏、金积、董府等地取景,花去将近一年的时间。1940年1月初,郑君里带着胶片返回重庆,正式加入"中制",任新闻影片部主任,住在"中制"的纯阳

---

[1] 郑君里:《郑君里全集》(第八卷),第218页。
[2] 同上。
[3] 同上。
[4] 高维进:《中国新闻纪录电影史》,北京:世界图书出版公司,2013年,第30页。

洞宿舍，准备剪辑工作。可是，由于《西北特辑》拍摄素材不足，因此只剪接了几部抗战新闻短片，[①]即《电影新闻》51—56号：51号《尼赫鲁访华》、52号《缅甸访华代表团来华》、53号《重庆春节劳军》、54号《儿童表演抗日歌曲联唱；重庆民众庆祝第十四世达赖坐床典礼》、55号（片名不详）、56号（片名不详）。[②]这些《电影新闻》和之后的《抗战特辑》一起构成了"中制"重要的新闻片序列。《抗战特辑》一共出品了六辑，它的"制作不同于介绍个别新闻事件的《电影新闻》，而是报道了抗战中的重大事件，每辑有4本、5本甚至有11本"[③]。郑君里承担了《抗战特辑》第六辑的摄制工作。据目前可查证的前五辑的主要内容有：

> 《抗战特辑》第一辑，4本，内容为卢沟桥事变后的各方抗战动态；第二辑片长5本，内容有敌机轰炸广州贫民区和文化机关，1937年9、10两月战况，难民救济工作以及八路军平型关大捷；第三辑片长五本，内容为1937年11、12月抗战动态；第四辑片长六本，介绍台儿庄抗击日军的胜利以及武汉人民庆祝胜利的游行，台儿庄大会战，国民政府

---

① 郑君里：《郑君里全集》（第八卷），第221页。
② 同上书，第250页。
③ 同上。

李宗仁部抗击日寇的一次重要战役;第五辑片长11本,内容为1938年7月武汉各界纪念抗战一周年、火炬游行、献金运动、阵亡将士纪念碑奠基等等。①

郑君里拍摄的第六辑包括《重庆新生活火炬游行》《蒙古族同胞向马步芳献羊皮》《陪都新生活运动》《冯玉祥将军》《朝鲜光复军将领演讲》等五部新闻片。

1941年10月,郑君里赴桂林拍摄纪录片《民族万岁》,中途底片被烧。不久,太平洋战争爆发,由香港通道进入内地的电影底片断绝,《民族万岁》的摄制工作被迫耽搁下来,郑君里在生日当天发出"三十功名尘与土"②的感慨。为抗战的缘故,不单是郑君里,大批影剧人的宝贵生命在战争中消磨与荒废。无奈之下,郑君里只能扎进表演理论的翻译工作上来。这段时间,郑君里完成了《演员自我修养》(与章泯合译)、《角色的诞生》等重要表演理论著作,加之此前完成的译著《演技六讲》,为他日后在戏剧界赢得了"中国的史丹尼斯拉夫斯基"③的盛誉。需要特别指出的是,郑君里稍早前的《演技六讲》译自美国电影、

---

① 高维进:《中国新闻纪录电影史》,第30页。
② 郑君里:《郑君里全集》(第八卷),第223页。
③ 高宇:《郑君里的艺术生活》,《人物杂志三年选集》,北京:人物杂志社1949年,第257页。

戏剧导演波列斯拉夫斯基的著作，而波列斯拉夫斯基正是斯氏的万千拥趸之一，他的《演技六讲》以对话的形式引申出斯式体系的要义，甚至可以说是对斯式体系的以一种对话形式所作的注解。郑君里随后所作的《史坦尼斯拉夫斯基〈演员自我修养〉札录》《史坦尼斯拉夫斯基画传》，则无疑是其在戏剧理论上对斯式体系的总结与回顾。可以这么说，郑君里的一生都在追寻斯氏的脚步，他把斯式体系译介到中国，并使之"中国化"，因之受益的演员何止几代。

《民族万岁》
与中国早期纪录电影的探索

郑君里真正从演员向导演转型，是从他1940年拍摄纪录电影《民族万岁》开始的。在《民族万岁》之前，坊间甚至电影界还常常把新闻电影（很大一部分是时事片）和纪录电影混为一谈，以为新闻片（时事片）就是纪录电影，纪录电影就是新闻片。这种夹生的认识，与中国国内频仍的战事和历来的影戏传统不无关系。

北伐战争、"九一八事变""一·二八事件""七七事变"，十余年间，战事接踵而至，从未间断。特别是"七七事变"以来，民族生死存亡之际，使民众更多地关心起民族和国家的命运，他们渴望从新闻片的报道中了解战事的发展，新闻片就成了全国各大影院的"常客"，而相较于报纸平面化的文字阅读，银幕上播放的战时画面和解说，则更能给他们一种生动、直观的感受，因此也就大受欢迎了。从影戏的传统来说，中国电影起步伊始，民众便依照民间文化传统的旧例，以"影戏"称之。将中国电影的诞生与"影戏"传统的承袭牵扯在一起，并非全无道理。中国原来的影戏是民间小戏的一种，也叫"皮影戏""灯影戏""土影戏"，它的演出机制是用灯光照射兽皮或纸板制成的人物剪影来表演故事，由演员边操纵边唱。这种民间小戏起源、繁荣于宋代，历经元、明、清、民国四代，至今已有近千年的历史。影戏一诞生就是一种集绘画、雕刻、音乐、歌唱、表演五位一体的民间艺术，也是中国民间文化中重要的娱乐形式。电影的放映和影戏的演出机理相似，都是把光投射到屏幕（影戏幕布是纸或白洋布）上，所以电影就和影戏有了一种天然的亲近关系。加之中国早期的电影演绎的多是帝王将相、才子佳人、神怪仙侣的故事，便又和影戏亲近了一层。钟大丰和舒晓鸣在其所著的《中国电影史》中论述中国电影发展的历史特点时说："中国电影的创作在很大程度上受到中华民族的历史文化传统和民族的审美心理传统的深刻影响。"[1]所以在早期的中国电影发展的进

---

[1] 钟大丰、舒晓鸣：《中国电影史》，北京：中国广播电视出版社，2007年，第3页。

程中，皮影戏的表现题材（才子佳人、王侯将相、神仙鬼怪、神话传说等）就成了中国电影最主要的取材来源，而这些故事也最契合我们民族的审美心理。在民间文化发展的历史长河中，中国人养成的审美习惯是以故事（如在瓦肆勾栏看戏，在茶馆听书等）作为形式载体的，所以无论是在影戏的传统还是在其他的民间文化传统中，中国人并未养成欣赏非虚构艺术的习惯，虚构的艺术才是民间最喜闻乐见的。也正是如此，在中国电影诞生的早期，国片一直是以虚构的民间故事作为最主要的表现题材的。

直到1935年，影评人潘子农①在谈起中国的纪录电影时还在强调国内的制片业者"不很注意纪录电影（Record Picture）"②。把他这句话放在中国整体的文艺发展中，便可看出另一层意思，即中国的大众文化创造者依旧不够重视非虚构艺术。他在《纪录电影浅说》一文中批评说："中国的电影界一向是拉住了好莱坞的尾巴在蠢动，其不知纪录电影为何物，自然是'题中应有之义'了。"③他把目光从美国的好莱坞转向东方的苏联，将纪录电影和新闻电影做了区分：

---

① 笔者按：潘子农在中华民国时期及新中国成立后发表了不少影评文章，后向导演转型，1951年拍摄了电影《彩凤双飞》。
② 潘子农：《纪录电影浅说》，《时代电影》1935年复刊号。
③ 同上。

从形式上看来,纪录电影很容易被人和新闻电影（News Picture）混杂的,但在性质上,二者相距的路程是相当地远。大概新闻电影是侧重于时间性之把握,而对于被摄取的事件或人物,仅仅负了一种报告的责任;纪录电影就不同了,他必须将一件事迹的开始、经过,直到完成的情状,一丝不漏地呈现在画面之上,而且摄制者还可以运用种种手法对观众做一番指示工作。①

为了说明二者的不同,他还举了两个例子。其一:"一个摄取桥梁工程完成时剪彩典礼的镜头是新闻电影的材料,如果要摄取桥的建筑动机和建造时的情况,以及完成后之功效,那就要归诸纪录电影了。"其二:"农村风俗的演变,地方产物的经营与生长,这都是纪录电影内容应有的节目。"②

从潘子农的这篇文章来看,他是当时中国少数厘清纪录电影和新闻电影要义的影界人士。那么时间转到1943年《民族万岁》在重庆公映以后,中国纪录电影的格局又是什么情况呢？郑君里在《民族万岁》公映后,曾写过一篇《我们怎么制作〈民族万岁〉》的文章,来谈该片在摄制过程中遇到的问题,他在文章中说:"到当时为止,我们的纪录电影仍旧停留在纪实的新闻片

---

① 潘子农:《纪录电影浅说》,《时代电影》1935年复刊号。
② 同上。

的格局上，同时在欧美、苏联，纪录电影正展开一个'纪实的'或'戏剧化'的理论上的争辩。"①由此便能看出，中国的纪录电影在《民族万岁》之前，尚未能得到制片公司当局和一般电影从业者的重视，非虚构电影艺术几乎还处在全然空白的阶段，而《民族万岁》的拍摄，正是在这个意义上填补了国内纪录电影的空白。

郑君里拍摄《民族万岁》工作照

郑君里与夫人黄晨在拍摄现场

① 郑君里：《郑君里全集》（第四卷），第45页。

由于翻译表演理论、电影理论的缘故，郑君里很早就注意到欧美前沿的纪录片理论，以及关于纪录片是"纪实的"还是"戏剧化"的争辩。这一点，他在摄制完成《民族万岁》前后做出了详尽的理论分析，并一针见血地道出了这场论争的实质。他说："前一种见解以为纪录电影的任务在于保存被摄的对象的真实性，后一种却以为是在于'对实事加以创造的处理'。"①这两者之间，郑君里认为是有很大差别的。为了更真实地考察郑君里对于当时世界纪录片理论的认知，以及在此认知下，他是如何开启中国早期纪录电影探索之路的，笔者在这里摘录两段郑君里对苏联纪录电影摄影师罗曼·卡尔曼和英国纪录电影导演、电影理论家保罗·罗沙的翻译文章，以作阐释：

　　代表前一种看法的可以举出我们熟悉的苏联纪录电影摄影师卡尔曼氏，他说："在事实的报道里，走戏剧化的路，这是取巧的邪路。谁都知道用纪录法拍摄事件的片段，即使他拍摄得不充分，没中心，但比起改动失真的照相来，观众可信得更深些。（见《纪录电影摄影师的修养》，1939年）②

---

① 郑君里：《郑君里全集》（第四卷），第46页。
② 郑君里：《我们怎么制作〈民族万岁〉》，《郑君里全集》（第四卷），第46页。

代表后一种看法的,可以举出英国纪录电影创建者之一保罗·罗扎。他说:"纪录电影的方法上的精髓就在于对实事的材料加以戏剧化。而戏剧化的这一行为正使电影叙述变为失真。我们要记住,大多数纪录电影只在他表示出一种心底意向(即影片所表现的主题,编导人所抱负的目的——里注),这一点上才显得是真实的。宣传的目的是说服,而说服就是含有对某一个题目采用一种特殊的心底意向之意。要在摄影机和录音机底技术限制内保存真实,结果只能做到解说(解说是教材电影的目的),却不能做到戏剧化,戏剧化才是纪录电影的特性。因此,在纪录电影中,甚至事实的平铺直述也需要戏剧性的传译,从此事实才能'活生生地搬上银幕之上。'"(见罗扎作《纪录电影论》,1939年)[1]

罗曼·卡尔曼是维尔托夫"电影眼睛派"机械主义记录本性美学主张的坚定支持者,他拍摄的纪录片,如《中国在保卫自己》(1938),《新世界的一天》(1940),《在中国》(1940),《坚守列宁格勒》(1943),《阿尔巴尼亚》(1945)等,正如他所强调的"走戏剧化的路,这是取巧的邪路"那样,都是从物质现实本性出发的。而英国纪录片运动代

---

[1] 郑君里:《我们怎么制作〈民族万岁〉》,《郑君里全集》(第四卷),第46页。

表人物之一的保罗·罗沙则把"戏剧化"作为纪录电影的真实本性。他的作品如《富饶的世界》(1943)、《世界的财富》(1947)等,都是"通过解说词把现成的纪录片素材连缀起来,并赋予强烈的节奏,来体现某个富有教育意义的主题"①。他的这种富有节奏与戏剧化的制片方式被称为"纪事体裁"。

保罗·罗沙曾在弗拉哈迪后人和老师格里尔逊的帮助下完成了学术著作《弗拉哈迪纪录电影研究》一书,他在书中发出一系列追问:弗拉哈迪的纪录片究竟是希望通过《北方的纳努克》来展现因纽特人当时的真实生活,还是追索他眼中的过去的生活?他所关心的是通过电影这种媒介来再现现实,还是试图创造纳努克祖辈、父辈生活的影子?②接下来,罗沙在对弗拉哈迪的另一部纪录片《阿兰岛人》的讨论中,给出了答案,那便是后者。因为"仅仅将摄影机支起来,记录下眼前的情景不足以表现出因纽特人为生存而战所蕴含的戏剧张力。"③从他对《北方的纳努克》的整体评价中也可窥见一斑,他说:"在电影史上,《北方的纳努克》具有开创性的意义:摄影机不再仅仅是记录眼前发生的事情。这是该片让我们最感兴趣的地方,也是《北方的

---

① 许南明、富澜、崔君衍主编:《电影艺术词典》(修订版),北京:中国电影出版社2005年,第84页。
② 保罗·罗沙:《弗拉哈迪纪录电影研究》,贾恺译,上海:上海人民美术出版社2006年版,第28页。
③ 同上书,第29页。

纳努克》最具魅力之处。"[1]他同时说，"弗拉哈迪在1922年奉献给世人的《北方纳努克》中，包含了'创造性地处理现实的先机'"[2]。这种"创造性地处理事实的先机"其实正是保罗·罗沙对纪录电影提出的两种基本要求："（一）对实际事物加以创造的戏剧化，（二）社会分析的表现。"[3]而作为英国纪录片运动领导者的格里尔逊，他在评价弗拉哈迪的这部影片时，也将"戏剧化"看做实现纪录电影的真实性的手段，他说：

《北方的纳努克》从真实的事件当中构筑戏剧性冲突，表现了饥饿以及为食物而战的主题。事实证明，饥饿是真实存在的，暴风雪是真实存在的，人们在精疲力竭时的手势也是真实存在的。多年以前，普京因拍摄同题材的斯科特南极探险之旅而名噪一时。现在，普京片中苍白的轮廓被灌注了生命，新闻式的报道变成了戏剧化的场景。弗拉哈迪坚信，摄影机对自然发生的、具有传统气息的，以及经过时间洗礼的一切事物有着天然的偏爱。这个观点经过20年的考验，仍然站得住脚。今天，在我所知的电影中，《北方的纳努克》

---

[1] 保罗·罗沙：《弗拉哈迪纪录电影研究》，第28页。
[2] 同上。
[3] 笔者按：《关于纪录电影的特征》一文，原载于1943年2月26日重庆《新民晚报》，作者署名"君里"。

仍然是最不会过时的一部,但愿我也能这样评价自己的作品。这部曾从皮毛公司获得赞助,又被百老汇拒绝发行的影片比他们看好的影片活得更久。①

由此,郑君里以总结前人理论的方式,创造性地给出了"戏剧化"一词的定义:"戏剧化一词,一般是指戏剧和电影中的虚构故事的布局方法,但在纪录电影中是指对实际事物的组织和布局……把事物加以布局、组织,可能使实际事物改变了表面的真形,但戏剧化的目的是要表现更深的真实。"②那么,弗拉哈迪是如何在《北方的纳努克》中以"戏剧化"手段呈现"更深的真实"的呢?首先,弗拉哈迪使故事进入了纪录电影的领域;其次,弗拉哈迪使用了编写的剧本;再次,弗拉哈迪运用了演员,即纳努克一家,对因纽特人的生存方式进行了搬演;最后,弗拉哈迪考虑到因纽特人的冰屋空间太小,而建造了一个庞大的冰屋供拍摄使用,以及在钓海豹等细节的处理上存在反复排演等情况。以上种种戏剧化的处理方式,大大地突破了纪录片的边界,以致不少人对其纪录片的真实性发出质疑,但是真实性从来都不只是忠实于表象的真实,它还有一个更大的真实,那就是内在的

---

① 保罗·罗沙:《弗拉哈迪纪录电影研究》,第29—30页。
② 郑君里:《我们怎么制作〈民族万岁〉》,《郑君里全集》(第四卷),第45—50页。

真实,也可称为艺术真实。对于《北方的纳努克》真实性的质疑,正如郑亚玲和胡滨所说的那样:

> 这种过于尖刻的批评,在这部由弗拉哈迪、摄影师和纳努克一家人充满创作热情的,富于生命力和艺术魅力的作品面前,实在是显得十分幼稚和可笑的。它的荒谬之处,正是弗拉哈迪通过《北方的纳努克》所传达出来的对于人类,"特别是刚刚在欧洲造成灾难的那种现代文明的反映"。而纳努克一家人为了生存在与大自然的搏斗的过程中所显示出的那种人类之爱,"尊严和力量",恰好是我们现在自称为"诚实"的现代人所缺少的"纯洁的信仰"。①

这一点,电影史家克拉考尔在《电影的本性》一书中也引用了保罗·罗沙的观点:"纪录电影的最严重的缺点之一,在于它一贯避免表现人。"②弗拉哈迪的《北方的纳努克》就是在"表现人"的意义上开拓了纪录电影的边界,使纪录电影在僵化的机械纪实主义的洪流中突围,同时它也打破了对照相本性的机械认

---

① 郑亚玲,胡滨:《外国电影史》,北京:中国广播电视出版社,1995年,第84—85页。
② 齐格弗里德·克拉考尔:《电影的本性》,邵牧君译,南京:江苏教育出版社,2006年,第269页。

知,使电影工作者踏出机械照相本性的理论窠臼,从而使人们对真实性有了更加广阔的认知。

郑君里在拍摄《民族万岁》时,并没有看过这部出品于1922年的纪录电影。但是,此片却受到了英国纪录片运动代表人物保罗·罗沙的重视,他的纪录片理论的灵感和经验大多来源于《北方的纳努克》及弗拉哈迪的一系列"创造性处理现实"的纪录片,而保罗·罗沙的纪录片理论又是郑君里最重要的纪录片理论来源。由此可以推断,包括《北方的纳努克》在内的弗拉哈迪的纪录电影的经验间接地影响了郑君里《民族万岁》的创作。

《民族万岁》体量庞大,全本两个多小时。据郑君里在给友人的信中透露,该片共涉及四个方面的主题:

(一)加强民族总团结,(二)报道各民族参加抗战建国之实事,(三)粉碎敌人分化我民族的阴谋,(四)介绍各民族之风俗人情。[①]

在实际拍摄时,郑君里以保罗·罗沙所倡导的"戏剧化"的手段处理全片,使该片除了完成主题的表达之外,又内生出一种深厚的史诗性。全片完成后,郑君里回首检视自己的拍片历程时

[①] 郑君里:《郑君里致函该厂友人,报告拍摄详情》,《中国电影画报》1941年第5期。

曾做过这样的总结,他说,他是直觉地走上戏剧化之路的:

（一）我对于新闻电影中惯用的、近于公式化的纪实方法感到不满足。（二）我曾经是一个演员,比较熟悉戏剧化的方法。（三）我在每一工作地点停留的时期很短,摄影台本上许多计划好的节目一定要按照预定的计划去布置,才能如期完成。（四）纪实方法的优点在于能保存被摄对象的真实的神韵,这种神韵绝不能受我们工作者自由支配的。据个人的经验,我们往往要准备较多的胶片去捕捉那神韵流露的一刹那,在不愁胶片来源的时候,自然我们乐于这样做。但现在我们不能。我们所摄的每一尺都得有用。因此,使我感到采用戏剧化的方法较为可行。由于以上的原因,这部片十分之九是用戏剧化的方法摄成的。①

郑君里说纪录片《民族万岁》"十分之九是用戏剧化的方法摄成的",那么,《民族万岁》究竟是在哪些方面使用了戏剧化的方法呢?

（一）工作台本的使用。如同摄制故事片一样,郑君里在拍摄之前拟好了非常详细的工作台本。包括镜号、景别、拍摄内

---

① 郑君里:《我们怎么制作〈民族万岁〉》,《郑君里全集》(第四卷),第46页。

容、尺数、讲白文体（解说词）、音乐（包括鼓声、铜乐、唱歌等），录音方面，现场录音和后期录音相结合。

（二）场面调度。《民族万岁》场面恢宏，经常需要拍摄几千人的大场面，不仅需要大量调动群众，还需安排数千只牲口，搭建数量庞大的蒙古包、帐篷等。以下是郑君里对摄制《民族万岁》场面调度的回忆：

> 马主席为协助本厂完成这伟大的工作，昨天（一月二十日）曾在省府亲自下令，为我们部署一切（计动员蒙藏同胞千余人，征集马两千匹，牛四千头，羊一万头，蒙古包及藏人帐篷二百座……等等，并派蒙藏翻译员各一人协行）……①
>
> ……当我摄完第一个镜头，人们匆匆地散开去，大家要收拾行装。"你们为什么要走？"我问。"咦，你们不是照过了吗？"他们中间有几个人见识过拍照的。拍照自然一会儿就完了。于是我告诉他们要拍几百张小照片，要几天才照得完，还得靠老天爷帮忙，不要天阴，不要刮风。光说话留着他们没有用，要给他们设法，预备好草料、水、干柴才

---

① 郑君里：《郑君里致函该厂友人，报告拍摄详情》，《中国电影画报》1941年第5期。

行……①

我们于一月十七日到达大通的煤区,拍摄采煤及运输的情形……拍摄煤区总计使用了矿工千余人,运输马车四百余辆。浩大的队伍,在山坡上蜿蜒而下,极为壮观。②

(三)实事搬演。在纪录片《民族万岁》中,依照事先预备的工作台本,搬演了不少真实发生的事,比如蒙古族群众救护伤兵的故事。据郑君里回忆:

在旅途中我经过陕边的固原和海原时,我看见了回汉同胞之间发生了颇为严重的误会。在绥蒙前线,我看见敌人分化蒙汉的阴谋和事实。当时傅作义先生特意指点我要把摄影机针对着这个问题。这部片子中的蒙民救护伤兵一节就是经他指定摄成的。

归来之后,这一片段、这一问题排开了其他错杂的印象和概念,兀自地浮现出来,渐渐发展为一个中心主题——民

---

① 郑君里:《我们怎么制作〈民族万岁〉》,《郑君里全集》(第四卷),第47页。
② 郑君里:《郑君里致函该厂友人,报告拍摄详情》,《中国电影画报》1941年第5期。

族团结,发展为全片的结构。①

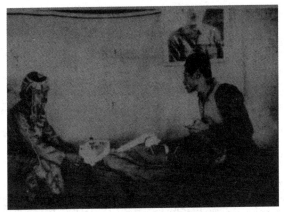

蒙民救护伤兵(《今日中国》1940年第2卷第9期)

(四)在纪实中实现戏剧化。郑君里坦言,在塔尔寺拍摄藏族跳神时并不顺利:

> 跳神是黄教的宗教大典……在跳神的广场内,谁也不允许闯进来,我们带去的摄影机没有合用的长距离的镜头,这就是说我们没有摄近景或特写的希望……费了大力的交涉,我们总算得到入场的特权。但当我们忙于摄近景时,便错过了摄远景的时机(我们只有一个容片一百二十尺的机子)。因此有些场面的远景是第一年摄的,而近景是在第二年赶去

---

① 郑君里:《我们怎么制作〈民族万岁〉》,《郑君里全集》(第四卷),第45页。

才补摄完全……为着增加摄影机的能动性,我们也采用了推拉镜头(dolly shot)的摄影。我们用的工具恐怕是最可笑的一种。自然我们没有带"推车"到几千里地之外,于是找两乘自行车平列在一起,用绳子把木板扎在两车的横杆上,造成四轮的高台,摄影机就架在上面。有时候只找到一辆自行车,只好让摄影师抱着机器坐上去,四个人从两侧扶着车子向前后推动。①

郑君里在塔尔寺拍摄藏族跳神场景结束后,
喇嘛留念(《今日中国》1940年第2卷第9期)

---

① 郑君里:《我们怎么制作〈民族万岁〉》,《郑君里全集》(第四卷),第49页。

那么，我们应该如何评价《民族万岁》？我想，其中既应当包含时人对它的评价，同时也应当包含后世——即当代对它的评价。从《民族万岁》在中华民国甚至在中华人民共和国成立以后的漫长历史长河中所产生的影响来看，这部由战时国家动员、组织拍摄的大型抗战纪录片，只是在抗战最艰难的时刻在配合民族国家的抗战宣传方面发挥了一些鼓舞民众的作用，便随即尘封在战火的尘埃中。而关于《民族万岁》的信息也只是零零星星地出现在当时不甚重要的报纸和杂志的边角中，如果不是因为郑君里的特殊身份——曾经著名的电影明星的光环笼罩，恐怕《民族万岁》连边角的信息也留不下来。在这些残存的历史资料信息中，比较全面地评价《民族万岁》的，是1946年《大都会》杂志的一篇题名为《奔走八年·宣扬抗战：郑君里回到上海》的文章。彼时郑君里终于回到了阔别八年的上海，一时引起轰动。为了隆重报道这位离沪已久的昔日红星、今朝的新晋导演，文章特别提到了郑君里离沪八年来最重要的作品《民族万岁》：

> 在这抗战八年来，谁都不反对这是第一部比较有价值，有系统的新闻纪录的影片。在这一部影片中间，包罗了边疆民族的生活剪影，他不仅告诉你平常最不关心的边疆民族，在抗战期间所贡献于国家的功绩，同时警惕我们不要遗忘了

> 这些远在边疆的同胞们，如何含辛茹苦，参加抗战，更用以表扬我民族团结，抗战建国的精神。我们在影片中看到阿拉善旗无限的沙漠，和草原上的骆驼，滚滚北流的黄河里的木筏，蒙、回、藏、苗、瑶等民族的歌舞。这部影片问世后，博得中外人士的赞美，更得到国际影坛上最荣誉的褒奖。①

该评价虽有像"在这抗战八年来，谁都不反对这是第一部比较有价值，有系统的新闻纪录的影片"这样的定调之语，但是依旧只把《民族万岁》看成一部新闻纪录片，可见，当时民众对纪录片的认知并未有何实质性的进步，自然也就无法对该片的价值做出比较系统和富有见地的评价了。

其实，《民族万岁》被埋没还有一个十分重要的原因。1949年，随着国民党败退台湾，中国电影制片厂也随之从大陆迁移，一同带走的还有郑君里的《民族万岁》，甚至没有留下一份拷贝件。于是《民族万岁》在漫长的历史中遥寄海峡对岸。20世纪末郑君里的儿子郑大里和母亲黄晨通过多方寻找，得知这部影片保存在台湾的中国电影制片厂。郑大里在《档案》节目中还原了寻找《民族万岁》的始末，他说：

---

① 《奔走八年·宣扬抗战：郑君里回到上海》，《大都会》1946年第3期。

我有一个舅舅在台湾，后来我舅舅委托他的一个朋友，去找国民党军队的"政战部"主任，叫王升。他说大陆有人想要这个片子。他说，是谁啊？他说，是郑君里的太太黄晨要。他后来说了一句话，他说他夫人要，我们给。①

于是，这部与大陆阔别半个多世纪的《民族万岁》，终于回到了它生根的地方。不幸的是，"台湾中国电影制片厂"收藏的纪录片《民族万岁》的母本在一次大火中被焚毁。于是，王升寄给郑家人的拷贝件就成了仅存于世的孤本。为了防止意外再次发生，郑家人重新拷贝了《民族万岁》，把它捐赠给了上海电影博物馆。2017年7月30日，上海电影博物馆策划、举办了一场"一个人的电影史——郑君里特展"，这是自《民族万岁》"回归"以来，第一次在大陆公开展映。

司徒兆敦在上海纪实频道《档案》节目中这样评价《民族万岁》："在纪录片镜头语言和声音语言叙事（以及）结构上的一个现代化阶段。"笔者以为，这种评价是恰如其分的。应该说，纪录片《民族万岁》所使用的故事片的"戏剧化"手法与当时世界上最先进的纪录片理论实践形成了合流之势，这既是郑君里超

---

① 参见2017年1月3日上海纪实《档案》栏目"电影眼看中国—《民族万岁》"，网址：https://jishi.cctv.com/2017/01/03/VIDEFcKtslegtjx7h5CZzZiB170103.shtml, 2024.1核。

前的理论认知,更是他勇于实践、结合自身表演长处,并使之"中国化"的结果。在这个意义上说,《民族万岁》堪称中国第一部现代纪录片,而郑君里,或也当得起中国现代纪录片之父的赞誉。

第五部

故事片创作与人生的落幕

《一江春水向东流》
的台前与幕后

　　1945年9月27日，国民政府向内政部、中央图书杂志审查委员会、各省市政府等发布《管理收复区报纸通讯社杂志电影广播事业暂行办法》的行政院训令，训令的内容主要包括三块，其一为"敌伪报纸、通讯社、杂志及电影、广播事业之处置"；其二为"报纸、通讯社复员办法"；其三为"新闻检查及电影检查之处理"。现将所涉电影管理规定方面的训令一、三项摘录如下：

　　一、敌伪报纸、通讯社、杂志及电影、广播事业之处置

（一）敌伪机关或私人经营之报纸、通讯社、杂志及电影制片、广播事业，一律查封，其财产由宣传部会同当地政府接受管理。但其中原属未附逆之私人及非敌国人民财产，而由敌伪占用，经查明确实，并经中央核准后，予以发还。

（二）附逆报纸、通讯社、杂志及电影事业之处置。

（1）凡自国军撤退后，（其在收复区各地，利用外商名义，掩护经营者，则在太平洋战事发生后。）继续在沦陷区公开出版或摄制，附逆有据者，概依本办法处理之。

（2）附逆之报纸、通讯社、杂志、电影事业，先由宣传部通知当地政府查封，听候处置。

（3）敌伪及附逆之报纸、通讯社、图书、杂志等印刷品，凡其内容含有敌伪宣传之毒素，违反抗战利益者，经宣传部审查后，应由地方政府予以销毁。

（三）中央宣传部为便利推进宣传计，前项之没收查封之敌伪或附逆报纸、通讯社、杂志、电影制片、广播等事业所有之印刷机器、房屋建筑、工作用具及其他财产，经中央核准后，得会同当地政府启封利用。

三、新闻检查及电影检查之处理

（一）收复区出版之报纸及通讯社稿，在地方尚未完全平定以前，应由当地政府施行检查。

（二）各地新闻检查工作，应受宣传部之指导，并由宣传部派员协助地方政府办理之。

（三）电影检查办法另定之。①

在抗日战争胜利的大背景下，国民政府开始全面接收除解放区以外敌伪建立的报纸、通讯社、杂志社及电影、广播事业。反映在电影业上，国民政府先后接收了日人在东北建立的株式公社满洲映画协会（"满映"）、上海的中华电影联合股份有限公司（"华影"）和北平的华北电影股份有限公司。在此形势下，因战事散处后方的"联华"旧员（导演蔡楚生、郑君里、孟君谋、张翼、沈浮、吴永刚、史东山、司徒慧敏、赵英才等；演员有白杨、王人美、金焰、高占飞、黎莉莉等）联名要求罗明佑，迅速交涉收回联华公司被占产业。"连已经荣任毛泽东夫人的蓝苹，郭沫若夫人黎明健，都签名在内！"②关于这份联名信，《联合画报》（胜利第一号）亦有报道：

八月二十日晚日本无条件投降消息传至重庆，渝中影人狂欢庆祝之余，特联合签名飞函上海，在艰苦困难奋斗下之部分影人作胜利慰问，函长万余言，内有"曙光东升把晤

---

① 《管理收复区报纸通讯社杂志电影广播事业暂行办法》，《国民政府公报（南京1927）》，1945（渝字869），第1页。
② 《毛泽东夫人蓝苹参加联华复业工作》，《中外影讯》1946年第10期。

非遥，忠奸分明自不两立"……签名者计有：蔡楚生、史东山、金山、赵丹、朱金明等百余人。①

在这样强烈的呼声下，"联华"同仁上下一心，要求归还原属公司产业。于是，国民政府接收"华影"不久，便将"抗战期间为敌伪暴力占据之联华影片公司产业，由当局调查后发还，联华申请人陶伯逊已接到该局批复"②。"联华"旧员孟君谋是此次接收旧厂发还的代表，但是在这次的发还中，国民政府"只发还了联华第一厂"③。而早前联华公司在上海总计有三个摄影场，即"新华""华新"和"华成"。

新华厂是"联华"第一厂，总部设在海格路丁香花园，二厂华新厂设在亚尔培路爱麦虞限路口，三厂华成厂设在徐家汇。④

这次归还的"第一厂"是"新华"的总厂，其他未归还的二厂被隶属于国民政府政治部的中国电影制片厂劫收。

---

① 详见《蔡楚生等百余人联名飞函上海影人，忠奸分明，自不两立》一文，1945年《联合画报》胜利第一号，第27页。
② 何基：《艺坛漫画》（一），《吉普》1946年第27期。
③ 周梁：《联华影业公司发还了》，《吉普》1946年第29期。
④ 《中国联华影业公司的三个摄影场》，《青青电影》1939年第15期。

1946年5月，郑君里从重庆回到了阔别八年的上海。是年夏天，"住进'联华'旧址"①，会同阳翰笙、蔡楚生、史东山、孟君谋等筹备联华影艺社。就"联华影艺社"的性质而言，程季华等人所著《中国电影发展史》说，其是"战后时期进步电影工作者在党的地下组织领导下，冲破国民党电影独占阴谋，亲手建立起来的自己的阵地"②。与此同时，"罗明佑在香港筹划'联华'复业，并有私函委托在沪之陶伯逊分途召集各股东进行磋商，准备在近期赶拍新片。"③复兴之联华影业公司经理陶伯逊数月来努力奔走经营，"元气恢复大半，惟因在美订购之新式机械一时不能运达，而摄片工作刻不容缓，故不得因陋就简，仍以过时之旧有器材应用，据确讯，该厂摄片筹备工作已告完成，并已决定由蔡楚生、郑君里担任首部影片编导，陶伯逊氏亲任制片……"④

联华影艺社成立后，"为了充实创作力量，又吸收了韩仲良、朱今明等摄影师，韩尚义、李恩杰等美工师，以及从戏剧方面转过来的徐韬、王为一等参加工作。在演员方面，除了柏杨、舒绣文、淘金等被邀参加联华影艺社的拍片外，还招考了

---

① 郑君里：《郑君里全集》（第八卷），第226页。
② 程季华主编：《中国电影发展史》（第二卷），北京：中国电影出版社，1980年，第207页。
③ 吾家：《联华复业：罗明佑东山再起》，《京沪报》1946年第2期。
④ 《复兴之联华公司》，《一四七画报》1946年第7期。

一批新演员。"①不过,此次招考演员有一个不成文的规定,那就是对于参与日伪"华影"的演员一律不予录取。演员考选委员会由"史东山、洪深等担任"②,总计有"两千余名投考人员"③,淘汰率非常高,只"正副各取20名"④。新派小生高正考取演员后,郑君里对他说:"假如我来报名投考,说不定还考不取呢!"⑤在联华影艺社的这次招考演员过程中,不乏小有名气、背景关系深厚的戏剧演员投考,但却未予录用,足见录取之艰难:

> 有几位话剧演员也去应试,像莎莉莉的未婚夫凌之浩便是一个,但揭晓出来,他竟未被录取,这使得凌之浩气得发昏,而莎莉莉还要埋怨他的无能,所以凌之浩表示以后不愿吃这碗电影饭。⑥

联华影艺社所赶拍的新片即是史东山的《八千里路云和月》和郑君里回到上海后即将拍摄的第一部故事片《一江春水向东

---

① 程季华主编:《中国电影发展史》(第二卷),第207页。
② 《艺坛漫画:联华公司在沪招考演员》,《吉普》1946年第36期。
③ 系子:《联华五新人》,《影艺画报》1946年第1期。
④ 《联华起用大批新星》,《星光》1946年新16期。
⑤ 系子:《联华五新人》,《影艺画报》1946年第1期。
⑥ 《投考联华未被录取,凌之浩不吃电影饭》,《星光》1946年新12期。

流》。《一江春水向东流》初名《抗战夫人》，郑君里在1956年该片重映时曾写过一篇《为什么拍摄〈一江春水向东流〉》的回忆文章，他在文章中说：

> 我们的注意力毋宁是被当时相当普遍的一些社会悲剧所吸引——有些人丢下妻子在上海（被称作"沦陷夫人"），到内地"参加抗战"又重婚（"抗战夫人"），胜利后"衣锦荣归"，又"接收"了新宠（"接收夫人"——剧中何文艳原称"接收夫人"，国民党检查机关认为太刺激，强改为"秘密夫人"）。这个"情节"包含了强烈的现实意义和戏剧性。我们曾经依照它来规划出剧情的轮廓。我们并不满足于这个情节的本身，而是想揭发埋藏在它底下的社会矛盾。①

从这段话可以看出，想从理论上揭发"沦陷夫人""抗战夫人""接收夫人"所埋藏的社会矛盾，是郑君里创作"抗战夫人"题材电影的内在动因。有了这个想法以后，郑君里又托人找到从大后方回沪的陈霆锐律师了解有关"抗战夫人"的情况（陈律师曾在大后方经手过不少这类"抗战夫人"诉讼纠纷的

---

① 郑君里：《为什么拍摄〈一江春水向东流〉》，《人民日报》1956年9月24日，第8版。

案件）：

> 他为搜集题材，正托人认识陈霆锐律师。因为陈律师是从后方来，而且经手这类"抗战夫人"诉请纠纷的案件也特别多的缘故，或者有些"抗战夫人"会在这个剧本中看到自己的影子！[①]

抗战胜利后，《申报》曾辟出专栏（"答复读者，法律质疑"），挑选出具有代表性的案例，其中也对"抗战夫人"所涉之法律、道德等问题进行逐一解答，以下案例可视为《一江春水向东流》故事的现实翻版：

> （问）友人某君在战事初起时逃至后方，音讯阻隔达五年之久，乃在后方另娶妻室，生有子女，今已返回家乡，发觉原妻（战前结合者）健在，而新妻又已随来家乡，现敝友拟与原妻离异，该取何途径？（一）以相隔多年生死不明为理由，男方向法院提起离婚，是否合法？（二）如置之不顾，仅予以相当之生活费，使之离去，是否可行？（三）如原妻提起诉讼，是否构成重婚罪？（四）似此类情形甚多，

[①] 海神：《编〈抗战夫人〉剧本，郑君里请教陈霆锐》，《上海滩》1946年第13期。

近来立法当局是否有适当之新法律，以应付此等婚姻问题？（五）原妻之子女是否可要求判断由女方领去？（六）如女方提出苛刻之经济条件，而为男方（公务员）所不能负担，是否可请求法院减少。

（傅况鳞律师答）（一）查抗战期间，沦陷区与自由区，邮务交通，从未断绝，原妻是否生死不明，不难一查可知，以此为再娶理由，殊欠充分。（二）须得原妻同意，否则不可。（三）应负重婚责任。（四）最近并无关于解决此类婚姻纠葛之新法令颁行。（五）离婚后子女之扶养，依法由夫任之，但另有约定者，从其约定。（六）本件女方无过失，依法应给与相当赡养费，至女方死亡或另与他人结婚时为止。①

由此，这部故事片的创作便与抗战所引发的普遍的社会问题联系起来。抗战胜利后，上海的《女声》杂志曾做过一次关于"抗战夫人"问题的座谈，在这个座谈上，该杂志阐述了"抗战夫人"产生的历史原因及其涉嫌重婚的法律定性：

在这不能算短的过程中，世事变幻无穷，其影响及于

---

① "答复读者，法律质疑"专栏，《申报》1946年10月25日，第6版。

每个人,每个家庭的,自亦不小。在大后方,我们早已听见有好些人离开了搁置在远方的太太,而另有了所谓"战时夫人"或"抗战夫人"结合了家庭内的所谓"伪组织"。这个事实必然引起许多纠纷,所以今天《女声》特地邀请各位朋友来随便谈谈,希望得到一个正确的观感。——这是《女声》编者召集这个座谈会的动机,也就是座谈开头她所说的话。

葛律师徇众人之要求,先作法律上的解释。他说:"一句话,干脆得很,这些'伪组织'都是不合法的!重婚或是通奸之罪是逃不了的。重婚要处五年以下徒刑,通奸也得处一年以下徒刑"。[①]

"抗战夫人"这一社会问题的产生,自然与旷日持久的抗日战争对家庭关系的破坏不无关系,但深究下去,其实还涉及历史的、现实的、道德的、法律的等诸多层面的复杂问题,不是单纯用一个法律词汇"重婚罪"就能一言以蔽之。假如这一点在一定程度上还情有可原的话,那么战后"接收夫人"群体的大量涌现,则彻底撕下了那一副副沽名钓誉的所谓老资格的"重庆面孔"。1946年《吉普》杂志的一篇文章对"接收夫人"的社会现

---

① 《抗战夫人问题座谈》,《女声》1935年第24期。

象做了极力的嘲讽,文中说:

> 胜利以后,当然再没有什么抗战夫人了,可是却又添了一批"接收夫人","接收夫人"也者,即是从汉奸那里接收得来的娇姬艳妾,所以那批接收夫人,都是相当美艳而摩登的,为的已经经过了汉奸的选择,不像抗战夫人的很有不少还带着乡土气。目前这种接收夫人,还在不住地产生着,只要有能耐有机缘,最好更能倚仗一些职务上的便利的,弄几个接收夫人,真是易如拾芥,不费什么吹灰之力。①

这就是为什么郑君里要在故事中设置三位夫人——"沦陷夫人""抗战夫人""接收夫人"("胜利夫人")的根本原因,他要探讨的是社会现象背后的本质。影片究竟为何从《抗战夫人》改名为《一江春水向东流》,笔者认为,可能有如下四方面原因:

(一)避免引发新的社会撕裂。拍摄"抗战夫人"这一题材,并不是为了翻历史旧账,而是为了反映社会现实。正如郑君里所说将剧中何文艳称做"接收夫人","国民党检查机关认为

---

① 恼厂:《接收夫人》,《吉普》1946年第22期。

太刺激一样"①，以"抗战夫人"为影片命名又何尝不是太刺激了呢？当然，这回刺激的不再是国民党的检查机关，我们知道，抗战当中文化界、政治界不少名人都有所谓的"抗战夫人"，如郭沫若的黎明健，田汉的安娥，蒋经国的章亚若，等等。这些人当中，有不少是郑君里相识甚至是要好的。田汉自不必说，他是郑君里南国艺术学院学艺时期的老师，作家安娥待他又像亲姐弟一般。那么，郭沫若呢？他是当时的文坛领袖，老资格了……所以，以"抗战夫人"为电影命名，怎么说怎么不合适，当然，这只是一个可供猜想的缘由了。

（二）从影片的命名本身来说，"抗战夫人"无法涵盖其要表现的"沦陷夫人""抗战夫人""接收夫人"的宏大命题。

（三）从其艺术性来考察，以《一江春水向东流》命名明显胜于《抗战夫人》，为什么这么说呢？因为"抗战夫人"仅仅局限在对抗战造成的家庭分裂的批判，无法从更深刻、更广阔的国家、民族、社会、家庭、个人等层面来展现战争所造成的灾难与悲剧，而"一江春水向东流"这一命名，借助李后主千古绝唱"一江春水向东流"的意蕴，可以深刻地将这一悲剧以"感人肺

---

① 郑君里：《为什么拍摄〈一江春水向东流〉》，《人民日报》1956年9月24日，第8版。

腑的诗剧"①的形式表现出来。

（四）最重要的，也是最直接的一个原因，当时剧本命名为《抗战夫人》后，电影公司纷纷以此题材为噱头，跟风者众，出现了不少以"某夫人"命名的影片，郑君里和蔡楚生才最终将《抗战夫人》改名为《一江春水向东流》。以下是1947年《中南电影》杂志的一则报道，因其文中说法具有相当程度的合理性，故而或许可以作为关于《抗战夫人》改名原因的一个重要参考依据：

> 电影剧作家的贫乏以及不敢面对现实，所以，所有显现得太贫乏了！联华蔡楚生自发表了《抗战夫人》的题名后，因为此题材颇显噱头，因此群相模仿。先见中电预告了，徐苏灵编导《某夫人》，不料香港大中华倒用了这个名在三天内由韩北屏杀青了剧本，赶于蝴蝶南下后开拍了。那么将来中电如果要摄制的时候反不得不另行取名了。此外，则由王引带了一班人马，以皇后影片公司名义租东方摄影场赶着一部类似题材的《蒙难夫人》，虽然着重描写在沦陷区的蒙难夫人的生活，但还是衬托出一个大后方的抗战夫人。因此蔡楚生的《抗战夫人》一改其名为《一江春水向东流》，以与

---

① 赵清阁：《简谈〈一江春水向东流〉》，《大公报（上海）》1947年10月29日，第9版。

凡俗一别。①

"沦陷""抗战""胜利"三夫人剧照

在联华公司旧有的基础上,新成立的联华影艺社为何要将拍摄《一江春水向东流》这么重要的故事片任务交给郑君里实际执行呢?这仍然要从郑君里与蔡楚生的关系说起。郑、蔡二人分属同乡,郑君里早前曾经一度当过蔡楚生《王老五》的副导演,这次联华影艺社开摄新片,同是广东人的蔡楚生便又拉了郑君里一

---

① 《关于"夫人":有两部"某夫人",〈蒙难夫人〉已出,〈抗战夫人〉易名》,《中南电影》,1947年第2期。

把，只是这次郑君里因为有了纪录片《民族万岁》的历练，已不再充当"学徒"的副导演角色了，而是与蔡楚生联合执导影片。另一个众所周知的原因是，蔡楚生抗战期间累积的肺病问题在他回沪后愈加严重了。1946年12月4日下午2时，蔡楚生由渝乘民联号到沪①，与他一同归沪的还有吴永刚②。我们先来看看当时对于蔡楚生肺病问题的报道：

> 名导演蔡楚生自重庆来沪后，却不见露脸，原来蔡楚生在重庆时因拍摄《长空万里》一片而得肺病，因他顾忌工作不注意本身之健康，所以胜利后来沪肺病更剧，经调养后，已渐见康复，面色也红润起来，最近仍在家静养，甚少外出，不过时常到霞飞路虹桥医院去打针。近时他对记者说，预备静养一年，虽然近来有人去邀约他出来工作，仍为他之太太所拒，不过蔡楚生眼见人家导演大赚其钱，未免有些眼红，不然蔡楚生早出来了，因为被肺病拖倒了。③

这也是为什么联华影艺社原定的第一部影片最后排在了史

---

① 笔者按：抗战胜利后蔡楚生回沪的时间见1945年《中外影讯》第15期封面页。
② 笔者按：抗战胜利后吴永刚回沪时间见李之华的《迎蔡楚生、吴永刚》一文，1946年《影剧周刊》创刊号第10页，可知蔡楚生与吴永刚是一同归沪的。
③ 霞：《蔡楚生被肺病拖倒了》，《海燕》1946年新4期。

东山的《八千里路云和月》的后面。肺病初愈后，蔡楚生开始着手写《一江春水向东流》的剧本，动笔写作剧本的时间，按照郑君里的回忆，已是1946年的夏天了。[①]1946年冬天郑君里和蔡楚生共同完成剧本初稿，脱稿后由郑君里改动，"大受蔡的申斥，说我'买椟还珠'"[②]在这里我们应该看到，艺术上的争论甚至是争吵是完全必要的，这样的工作方式在后面形成了一个传统，郑君里在拍摄《林则徐》时不知与赵丹吵了多少回，但并不妨碍他们的朋友关系。在相互的争吵与辩驳中，剧本历经四月，终于定稿，此时《抗战夫人》的剧名也正式改成了《一江春水向东流》。该片分为前后两集，前集《八年离乱》，后集《天亮前后》。在剧本定稿后，"联华"上下举行了一次重要的剧本会议：

> 首脑人物及全体编导均出席，由上午十一时起集会至深夜始散，席间热烈讨论蔡楚生、郑君里合作编导之《一江春水向东流》电影剧本。此片原名《抗战夫人》，本拟摄制适合十本一万余尺之普通长片，最近蔡楚生、郑君里分幕分镜头完毕，积蓄脑中八年之电影素材全部搬出，以至每个镜头

[①] 郑君里：《为什么拍摄〈一江春水向东流〉》，《人民日报》1956年9月24日。
[②] 郑君里：《郑君里全集》（第八卷），第226页。

每一场戏均刻画入微,精彩非凡,全部杀青之后竟达一千余镜头以上,势非两万尺以上之影片不能拍完。"联华"本一贯作谨严态度,初意拟集思广益,改为十五本摄制,即至读完全部剧本后,赞美之声充满全场,舍此就彼,再四研究,竟无一人对某一场某一镜头表示割爱者,为尊重原著作人之意见与苦心,并本发扬中国电影最高艺术之初衷,一致决议原班保留,增加摄制资本,分为前后两集,前集暂名《八年离乱》,后集暂名《天亮前后》,片成后将有二十大本以上,堪称中国电影划时代之作,实当之无愧。闻日内即行,并将慎选演员开拍。无论技术艺术两方面之需要,均以最精锐阵容出之。咸认"联华"沉寂八年,此片之摄又将"恢复至《故都春梦》及《人道》《天伦》时期,将来上映,众信其国际地位必在美片《乱世佳人》之上……"谈至此,全场掌声不绝,尽欢而散。①

在联华影艺社当局的大力支持下,郑君里得以大施拳脚,其中的一个方面就是对主角的选择和对新人演员的提拔。郑君里、蔡楚生二位导演经过慎重对主角挑选,初步拟定白杨、舒绣文、胡枫三位主角人选,分饰演"沦陷夫人""抗战夫人""接

---

① 《蔡楚生郑君里伏案四月,〈一江春水向东流〉改名》,《海燕》1946年新8期。

收夫人"。可是,"胡枫曾参加过'华影',联华同仁认为系伪明星"①,加之胡枫在"胜利前夕,下嫁伪法院院长儿子张素定"②一事闹得沸沸扬扬,成了"污点演员",最终不得不将其从主角计划名单中除名,换上了上官云珠。《上海特写》杂志用《〈抗战夫人〉胡枫下野》的标题对此事亦作了报道。③

《抗战夫人》:胡枫下野(《上海特写》1946年第22期)

---

① 春仲:《银幕影坛:〈抗战夫人〉发生剧变:舒绣文拒绝郑君里》,《上海特写》1946年第27期。
② 夏音:《蔡楚生郑君里力捧胡枫:〈抗战夫人〉出足风头》,《国际新闻画报》1946年第61期。
③ 《〈抗战夫人〉胡枫下野》,《上海特写》1946年第22期。

在对新人演员的提拔上，郑君里经过"再三考虑，认为需要发掘几个具有艺术天才的新星"①。于是他从不久前公开招考上来的演员中，大胆起用了新晋小生高正和中叔皇，二人分别饰演张忠良的弟弟张忠民和白少魂；在女演员方面，则启用了林华。新人演员林华的表演也得到了公众的认可，她在片中饰演的婉华是一位有热情、有理智、有胆量、有远见的纯洁的青年教员，"她的戏很吃重，很难演，可是她的结果却是非常的好，得到了空前的收获。"②

蔡楚生、郑君里对摄片质量要求非常之高，使得《一江春水向东流》经历了十分漫长的拍摄周期。为了赶进度，剧组经常通宵拍夜戏，而且一拍就是连续十来个通宵的"夜战"，把许多演员熬得累病了，而郑君里自己也需要靠"进补"勉强撑着身体。摄片至后期，已经费去了郑君里不少心力，他看上去，格外要瘦上加瘦，于是他把"早上的点心改为红枣莲心汤，以资滋补。每天上摄影棚时，手里拿了只五磅热水瓶，里面灌的尽是鲜牛奶。"③这期间，演员累病的消息屡屡传出。由于拖得周期过长，在人们快要忘记这部戏的空档，新闻上又时不时地传出该片

---

① 《郑君里提拔新人》，《中外春秋》1947年第18期。
② 《银幕新人林华，蔡楚生提拔新人，郑君里眼光奇佳》，《一四七画报》1948年第9期。
③ 《郑君里进补》，《泰山》1947年第7期。

演员"开夜车"拍戏累病,导演患牙疾的消息,倒是为这部戏发挥了很好的"广告宣传"的作用:

> 《一江春水向东流》前集《八年离乱》,即将完成,由蔡楚生负责剪接后,将先行试片。该片开拍至今,已有四五个月,所有工作人员均累得病倒。如白杨生病,舒绣文小产,郑君里与孟君谋发汗热,只有男主角陶金因身强力健,未被病魔所扰。而各演员病倒的原因,是为了连拍十多个通宵,以至工作人员体力不支而累得病倒的。导演郑君里因此便下令只拍日戏,夜间不再工作。日里虽热,工作人员挥汗拍戏,但到了夜间便可回家纳凉,因此白杨等大为高兴。①

> 《一江春水向东流》一片,经摄制八个月之努力不懈……近来每晚总拍通宵,有时还一直连下去,今习以为常,因人体精力为限,许多身体瘦弱的演员们,一定是吃不消的,现在至今一连拍了数十天之通宵,病倒者计又舒绣文、白杨、陶金、郑君里、厂长等重要人物。而周伯勋②亦病了起来,甚剧烈者为他。周伯勋亦为"联华"的一巨头,又担任"国泰"导演委员,所以为了工作上的忙碌,于日前

---

① 《〈八年离乱〉连拍十通宵!》,《大世界》1947年第323期。
② 笔者按:周伯勋在影片《一江春水向东流》中饰演庞浩公。

卧病在家，热度高至一百零五度，急得诸人毫无办法。今闻热度已退，起居饮食，已告无恙。蔡楚生亦因天气炎热，冒暑工作，按楚生前病刚好，日前又受暑气得恶袭，某夜间寒热大发，他的太太乘夜请医急治，隔了几天之后，终告减轻病状，现在亦已经照常赴厂工作了。在这两个月之间，"联华"的职员，病倒者累累，有人给他们做了一个触霉头的名字"联华同仁集体病倒"。①

《一江春水向东流》导演郑君里近忽患牙疾，昨经牙医生医治后已除旧补新，另换新牙一个，顷又继续筹备新拍摄工作矣。②

在这样紧张的拍摄过程中，当时的《一四七画报》记者前往位于海格路丁香花园的"新华厂"探班时，目睹了郑君里拍摄张老爹为日本人吊死的场面。这是目前所知的为数不多（可能只有这一条）的对当时现场摄制过程的文献记载。文章的标题是《郑君里施展特殊导演手法》，我们不妨看看郑君里究竟是如何施展这一特殊导演手法的：

---

① 静流：《周伯勋病重，蔡楚生复原》，《春海》1947年第20期。
② 《联华影讯：《一江春水向东流》导演郑君里近忽患牙疾》，《星光》1946年新18期。

郑君里指挥工人在该厂一号大棚，筑成土岗一座，斜坡之上立古树一株，粗壮坚韧，暮色苍茫，旷野一片枯黄，秋声瑟冽，乌云遮盖残晖。古树枝上下垂粗绳一根，日兵数人挟张老爹（严工上饰）入刑场。导演郑君里拍摄此景时，对于灯光气氛、效果音响极为重视，故工作人员倍加努力，除演员表演之深刻，导演处理得好外，技艺部门在此一场戏中，大显身手，画面空气浓厚紧张之状，观众可待于上映时银幕上一睹此场面也。①

复出之后的联华影艺社，百废待兴，上下一心渴盼重回"联华"昔日盛况自不必多言，可是它也有自己的苦衷，设备老化、资本匮乏，依然顶着国片"生意眼"的压力，面对国片粗制滥造的气候环境，公司当局周伯勋主席也在史东山拍摄《八千里路云和月》的时候重申了"省——赶——好"②的制片目标和宗旨。可是，我们翻开"联华"光辉的制片历史就知道，"联华"是有着国片制作的良心和责任的，这首先体现在联华公司几位领导人，像夏云瑚、陶伯逊、任宗德等给了创作者充分的自由、信任、理解和依靠。不妨看看《一江春水向东流》摄制过程中上述

---

① 《郑君里施展特殊导演手法：〈八年离乱〉场面紧张惊人》，《一四七画报》1947年第7期。
② 《省！赶！：联华工作宗旨》，《星光》1946新19期。

几位电影事业家的表现：

《一江春水向东流》前集《八年离乱》的制片人是夏云瑚、陶伯逊、任宗德。后集《天亮前后》的制片人是夏云瑚。他们都是电影企业家，可是他们能够使这部影片的摄制工作"慢"至一年，他们不贪图目前的盈利（因为这部片已下了三四十亿的制作成本），在焦急异常的情态下，可是这位夏老板，常看见蔡楚生或郑君里的时候，满脸堆着笑容，还是"慢慢来，慢慢来！"地安慰他们。拍摄一场戏如果不能达到预期的目标，可以重搭布景重摄。这制片人是够伟大的，值得颂扬的。今日我们看见这影片上映后的轰动，这

《一江春水向东流》拍摄现场

"慢"字是有收获的。①

在经历了将近九个月的紧张拍摄之后,这部由联华影艺社出品、联华电影制片厂摄制、昆仑影业公司发行的《一江春水向东流》终于在1947年的10月初上映。十年前,以献映"联华"影片为荣的前北京大戏院(后更名为丽都大戏院),在十年后再一次献映"联华"新片,真令人唏嘘。因着抗战的缘故,整整十年过去了,联华影业公司虽早已在战争中停业,但是"联华"的电影传统仍在延续。以下是《一江春水向东流》前集《八年离乱》在丽都大戏院开幕现场的盛况:

> 丽都大戏院开幕献映《八年离乱》之日,该院主管机构联怡公司事先邀请该片演员及工作人代表主持揭幕礼,昆仑影业公司演员,即《一江春水向东流》之女主角白杨、舒绣文、上官云珠及该公司总经理(亦即该片制片人)夏云瑚,制片厂厂长(该片制片人)任宗德。由联怡公司("南京""美琪""丽都")总经理梁其田氏及丽都大戏院总经理朱振庭招待入场,引导登台举行开幕仪式。首由该院向三女星献花,继则"昆仑"致赠该院巨大花篮,并由舒绣文代

---

① 襄南:《从摄制到上映〈一江春水向东流〉是怎样摄制成的》,《昆仑影讯》1947年第6期。

表"昆仑"同仁致辞。此时摄影记者纷纷抢取嘉宾镜头,银光闪闪,掌声雷动,情绪万分热烈。①

《一江春水向东流》上映后,轰动了整个影坛,引起了上海乃至全国观众的热烈反响,就其观众人群而言,已深入至地方,观者云集,号召之盛,堪称空前。最终,它打破了以往一切国片的卖座纪录,亦刷新了由《渔光曲》(1934)所保持的连映48天最高国片映期纪录,创下了首轮连映209天的新纪录。《昆仑影讯》《前线日报》分别在影片上映第六周和首轮映期结束后做过上海各大戏院的观影人数、天数的统计。

以下是《昆仑影讯》在"美琪""沪光""丽都""南京""平安""国际"等戏院上映六周时所做的每周观众人数和总上座人数的统计:

第一周:"美琪""沪光"——《八年离乱》试片;"美琪""沪光""丽都"——《天亮前后》试片,计七千零七十人。

第二周:"美琪""沪光""丽都",计九万零一百四十人。

---

① 《〈一江春水向东流〉上映花絮:开幕大典》,《昆仑影讯》1947年第6期。

第三周："南京""沪光""美琪""丽都",计十一万七千二百六十二人。

第四周："南京""沪光""美琪""丽都",计七万五千七百二十一人。

第五周："沪光""丽都""平安",计六万七千零四十二人。

第六周："沪光""丽都""平安""国际",计八万一千七百三十六人。

总计,五十一万九千五百十九人,以上海全市五百万人口计算,上映六周内观众占百分之十点三九,亦即上海无分老幼贫富,十人中必有一人看过此片,此上海首轮尚未结束,估计二轮结束之后,可能达到百分之十八至二十上海人口数。①

以下是《前线日报》在影片首轮放映结束后所做的上海各戏院上映天数和观众总数的统计:

此二百零九天中,上海首轮观众总数为七十一万两千八百七十四人,除招待文化界及同业九千零七十人外,余

---

① 系子:《初步统计:〈一江春水向东流〉上海观众纪录》,《昆仑影讯》1947年第8期。

均为购票入场，以上海五百万人计算，合全市人口百分之十四点三九，亦即上海市无论老幼贫富，七个人中已有一个人看过此片。截至目前蔡楚生郑君里无疑为中国拥有最多观众及最卖座之编导。各院上映日数分别如下：

丽都——五十天——一五八六零零人

沪光——四十八天——二二一一八五人

光华——三十五天——九二五零零人

国际——二十七天——八七四二四人

美琪——二十二天——八四八六八人

平安——十八天——三五一零九人

南京——九天——三三一二二人

共计二百零九天，七一二八七四人。①

与此同时，文学界、电影界关于该片的影评文章也同步发表在《大公报（上海）》《昆仑影讯》《现代妇女》《金声》《一四七画报》《上海警察》《风下》《现代周刊》《公理报》《正报》《文坛》等报刊上，就目前能够找到的，不下三十篇。洪深在其主持的《大公报》的《戏剧与电影周刊》上组织"剧影批评专辑"栏目，发表了有关该片的系列影评文章。上述影评中

---

① 《映期最多的国产片？》，《前线日报》1948年1月20日，第8版。

较有代表性的是洪深、田汉、赵清阁、(叶)以群、左诵芬等文艺界人士所撰的文章。

洪深在1947年10月29日《大公报(上海)》"剧影批评专辑"的"编后记"中说:"《一江春水向东流》自是一部不可多得的佳作。它的技术上的成就,尤其在演技方面(几乎没有一个人不是卓越的)与在蒙太奇方面(从广义的到狭义的无不优美),我个人看来,乃是空前的。"①洪深在影片上映当天受邀参加试映后,曾与田汉私下交流,从洪深向田汉约稿的影评来看,洪深对《一江春水向东流》的看法,其实是有保留的。田汉在《初评〈一江春水向东流〉》一文中对其观点做了转述:"洪先生看完此剧上半也说在十分敬佩之中略感不舒服。他希望张忠良这知识分子的堕落不要写在抗战的账上,如因抗战而不能不离家等等。"②

田汉在观看《一江春水向东流》前集《八年离乱》时,曾把晤郑君里导演,这一点他在影评中亦有提及。田汉对影片的总体评价十分高,但也不留情面地指出了一些不足,以下是田文重点内容的摘录:

---

① 《编后记》,《大公报(上海)》1947年10月29日,第9版。
② 田汉:《初评〈一江春水向东流〉》,《大公报(上海)》,1947年10月15日,第9版。

《申报》1947年10月8日《一江春水向东流》
前集《八年离乱》广告

看完《一江春水向东流》前集洪深先生要我说几句话。是的，我应该说，因为这是在内容形式上都有优秀的（虽然不都是"最高"的）成就的片子，因为制作者几乎全部都表现了高度的艺术良心，因为编剧导演在戏剧电影领域有着无数进步观众热切的期待。这片子很长，分为两集，我们看过的前集，题名《八年离乱》。在美琪戏院试映时把晤导演郑君里先生，他说：

"您单看前集是不会太满意的，好处在后集。"

因此单凭《八年离乱》来评价《一江春水向东流》全剧许是不公正的。但虽见首而不见尾，你依然可以仿佛神龙的全体。何况画卷初舒，已经可以接触它的耀眼的光芒？

导演编剧因为几乎融汇为一，真是有许多难及的地方。在中国电影界今天这样贫弱简陋的物质条件下（连摄影机都是由三种旧货拼凑而成）。而有这样的成绩，算尽了工作者最高的能事了。

演员演技十分平均优秀，白杨、舒绣文、陶金都可以说打破了他们自己的纪录，吴茵沉着精炼尤为杰出，严老先生在殉难前后几段戏，寓民族愤怒于沉默绝望之中，确是中国受难农民的面目。感人极深。小三子叶小苗流泪中擦泪，由悲愤到决心，实为首集的一个情绪高峰。高正在《八千里路云和月》里演反派，此则演本剧光明人物张忠民，也非常出色。就连张家那只被敌人残酷牵走的老牛向它的旧主人那惨然一顾也使有心的观众为之酸鼻。

在对艺术形式美的追求导演和摄影师是非常热心的。但看一开始那上海某纱厂楼梯上的镜头吧。聪明简洁的Montage（画面构成法）的运用，更使本剧编年地从九·一八回溯下来不觉得烦琐。后来上海重庆两地的频繁对照,也不流于庸俗。某些细心的镜头,如张忠良看王丽珍撕碎的照片等等,又以见编导者对剧情发展不愿有点滴的漏洞。

这戏有许多地方是非常现实的,在沦陷区,敌人对待我同胞的残酷,剥削的无微不至,真使我们今天"痛定思痛"。何况痛未必定?曾听见看过此片的上海朋友说,"这片子一定卖钱,因为说出了沦陷期的我们许多痛苦,就连人充牛马犁田都是有根据的。"在许多写沦陷区的片子中以此片最近真实。再则描写重庆某公司的腐败,与张忠良学会迟到、胡闹等等,也是很生活的手法,非俗手所能办。

但这戏当然也不是完全没有缺点的。我们湖南戏有两句行话叫"戏不卖,请两蔡"。什么叫两蔡呢?一个是蔡伯喈,一个是蔡鸣凤。后者是写湖北一桩奸杀案的,也像大劈棺,杀子报一类的色情刺激的东西,当然卖钱。前者是有名的《琵琶记》,写蔡伯喈怎样进京求名,另婚牛丞相女,丢弃赵五娘,父母在陈留旱灾中双双死去,伯喈远隔不知,不能归葬,由五娘割发易棺,抓土成坟,终至琵琶上路,千里寻夫。这是最脍炙人口也最能赚人眼泪的人情戏。中国封建家庭始终存在的话,这一类型的戏也会始终动人,始终卖钱的吧。

《一江春水向东流》虽然作者企图"从一个人的遭遇

看中国抗战"。但我们很遗憾地还不能从它看到真正中华民族抗战的悲壮的史诗。毋宁又看到一个以抗战为背景或"配角"的古老的《琵琶记》型的人情戏。张忠良和蔡伯喈一样,本性也是善良的"诚朴"的。他甚至干过许多抗战工作,但他到了陪都重庆以后,"好像到了另一个世界",他完全变了。他父亲在上海被敌人残害,母亲妻子流离颠沛,备受折磨他全不知道,与一位交际花王丽珍同居,而丢弃了素芬。及至他从重庆复员到上海,他又爱上了何文艳。素芬贫苦无依,到文艳家做女佣,发现忠良"无良"之后愤而投水自杀。显然丽珍、文艳是牛氏之类,而素芬便是被牺牲的赵五娘。最后那位骂子的老母实际是张广才的化身吧。

　　因为张忠良等于穿了现代服装的蔡伯喈,所以你很难于从他看见一个神圣抗战中知识分子的真实的影子。抗战中知识分子变节的当然也有。他们"禁不起环境的侵袭",违背初衷,脱离群众,背叛民族利益,毁灭自己的历史的在胜利之后也可以发现,因此我们的确应该加强中国知识分子的自我批判。怎么进行批判呢?那还是去追求其内在外在的根源,爬搜其思想行为发展的脉络。只有这样才能使我们的批判不致落入观念论的窠臼。

　　……

　　当然"环境"是移人的。本剧的主题也似在写环境是怎样支配人的运命：

"虽然不是出于自愿，但环境毕竟感染了他：他怕无法抵抗环境的侵袭，会变成一个连他自己都不认识的人。"

但重庆的"环境"以我们所知，不全是对一个进步知识分子不利的。在那个抗战的首都实际有无数知识分子进行着坚贞的奋斗，社会上使人感奋兴起的场面也不一而足。张忠良何至对于这一面毫无交涉？毫无感动？至中国官场的腐败，缺乏效率，自是中外所公认，但小公务员也并非太松活的，（我有一位表弟在某院做书记，可一天忙到晚。）贸易公司之类的营利机关更颇讲究效率，惯于剥削小职员的时间和精力以增加他们的利润。即令公司上下情形如此，像张忠良那样一位有认识的战士应该不会因对局部社会现象的"愤慨"和"看不惯"而动摇他的信念，错乱他的脚步的。然而他竟会脆弱到"借酒浇愁"，一发而不可收？这样的人生态度的急转弯是不可能的。

洪深先生看完此剧上半，也说在十分敬佩之中略感不舒服。他希望张忠良这知识分子的堕落不要写在抗战的账上，如因抗战而不能不离家等等。洪先生的话是值得听的。……

因此我们说这片子在种种技术上虽有伟大成功，在许多素材的搜集与部分生活描写也有非常丰富的现实感，而在主题上却有着相当大的缺陷。作者没有从发展上写出一个现代进步知识分子不幸走向堕落的真正过程，也没有能抓住促使他们堕落的真正罪犯，抓住的只是可怜的"帮凶"两个流浪无依的女子。在老朋友前面，我们应该不避愚妄，知无不言，同在创作自由受着非常大的限制的今天我的话实际上等于吹毛求疵的风凉话。①

相比田汉理性的批评方式，赵清阁的影评就显得颇为感性了，见出许多真情流露。她将《一江春水向东流》视为"一部感人肺腑的诗剧"，以下是其《简谈〈一江春水向东流〉》一文重点内容的摘录：

> 《一江春水向东流》不仅发挥了全部故事的意义，也写照了今日所有中国人民的真实心情！所以看过该片以后，使你不能不流泪，甚至恨不也亲效仿那位剧中可怜的素芬，跳到黄浦江完事。编导人蔡楚生和郑君里两位先生用血泪写成了这部抗战戏剧的史诗，他们这愤慨地赤裸裸表现了他们的爱；他们的情；并不告诉你人类是不是还有希望？要怎样才能找到一条生存的路？这说明了他们的心情是如何的沉痛悲观——他们似乎暗示给我们一个哲理，就是，这世界充

---

① 田汉：《初评〈一江春水向东流〉》，《大公报（上海）》，1947年10月15日，第9版。

塞着恶魔,一天恶魔不消灭,人类便一天不能生存,然而善良与恶魔的比例太悬殊,凭着少数善良者薄弱的力量——一再被压抑的正义之气,是不可能消灭到处弥漫的恶魔的。因此,斗争也是死亡,不如索性逃避这个现实,用消极抵抗向上帝控诉恶魔,同时也许可以拿这"我入地狱"的精神来促醒恶魔的觉悟,那么,谁敢断定张忠良的弃母别子以后,不会灵魂复活呢?如果你这样想下去,一江春水不是还有向西回头的希望吗?我不知道我这么理解对不对,但我却愿意这么理解,不然,我相信我会疯!不仅我,即今一个稍稍懂事的孩子,也不会再高兴活下去了。

《一江春水向东流》的主题应属于消极的积极性。处理悲剧可以这样,此之所以能感人至深者!但也未尝不可以稍稍强调一些反抗精神。也就是说只对比的写实还不够,还需加以是非的正视,能如此,其效果或更大。

在编导的技术方面,上集《八年离乱》虽略微冗杂,却并不失紧凑。下集《天亮前后》则完整多了!看得出蔡郑二位收集的材料非常丰富,因此处理起来,却是相当困难。然而他们竟尽了最大的努力,认真地,严肃地终于完成了这部不朽的电影创作。在今天这个一股粗烂为习,生意至上的电影颓风之下,他们,以及容许他们的这种作风的公司当局,能勇敢地贡献了大家的艺术良心,真是值得我们钦敬的。

……

总之,《一江春水向东流》,顾名思义,它是一部感人肺腑的诗剧,由于它的格调高,使我们知道作者的风度高,以及制片家的眼光高!否则,作者绝作不出这样的作品,制片家不会拍摄这样的作品。假如所有从事电影的工作者都能保持这种格调,那么,中国的电影事业也便可以发扬光大了。①

左诵芬在《看〈一江春水向东流〉》一文中,从田汉的观点引申出去,也表达了自己的两点不满,其一是:"作者没有分析张忠良转变的真正的原因,没有指出张忠良堕落的复杂过程,只是特别强调王丽珍以色以钱的诱引。好像张忠良的转变完全归罪于王丽珍与何文艳",从而在"无意中又使我们温习了一下'女人是祸水'的传统观念";其二是:"这个故事和人物的发展,没有和时代发生血肉的关系……我们看不见这批'天上飞下来'的人物丝毫的活动,我们更看不见上海市民在'天亮'后的心情和生活。素芬婆媳孙儿的受苦,不能代表上海的市民,只是说明他们一家人的凄惨,这种惨痛只是由于张忠良变了心,没有回

---

① 赵清阁:《简谈〈一江春水向东流〉》,上海《大公报》1947年10月29日,第9版。

来……"①

另外,有一个生活在中国的外国观众格力葛在看完影片之后,致函影片的编导者,该函发表在《昆仑影讯》1948年第十期上,他在信函的最后表达了对该片的不满:

> 容我冒昧陈述一点意见,你们忽略一个要点:就是一部电影不仅要揭发真理,同时还得尽量明白地指出一条打破苦难的路。这张片子不能以素芬自杀为结局,而应该写她去乡间跟叔叔一起生活,去做有利的工作。这样一方面可以减免一些过多而没有艺术价值的哭泣,另一方面又可以给千百万与素芬相似的中国妇女们一股勇气。②

以群在《中国电影的新路向(上)》一文中,逐一驳斥了影片上映以来所遭受的诸多非议:

> 有人说,它所表现的仅是这变乱中的一个家庭的传奇,并不足以概括这大时代的现实。也有人说:这里所表现的只是沦陷区和大后方生活的一种对比,并未综合地表现出这大

---

① 左涌芬:《看〈一江春水向东流〉》,《现代妇女》1947年第2期。
② 格力葛:《国际观众函"昆仑"赞誉〈一江春水向东流〉语多勉励,见识高远》,《昆仑影讯》1948年第10期。

变乱的脉络。然而,我觉得这都未免是好意的求全之论。其实,任何艺术作品都只能通过某些具体的事项(人物),以表现时代现实的一面或多面,而不可能表现出现实社会的面面。庞浩公、王丽珍何尝只活跃于大后方?而素芬婆媳和张忠民夫妇,又何止存在于沦陷区?庞浩公所代表的力量又何止是"商人"?能如此写法,那么这对比了两个区域的生活的一个家庭的故事,其实也正是囊括了两个世界,两种人的生活的。①

在影片首轮放映结束后,中外文艺联络社组织了一场关于《一江春水向东流》的座谈会,与会的有夏衍、孟超、以群、瞿白音、韩北屏、周钢鸣等。座谈会记录以特稿的形式发表在1948年第114期的《风下》杂志上。座谈会用"中国电影的纪程碑"定调,认为:"《一江春水向东流》的成功,使我们看到了战后中国新电影事业无限的前途。这部影片显示了中国电影艺术发展的新路向,也确立了中国电影的光荣的前途。"座谈会从"张忠良的转变""素芬的死""作者的苦心""演员与演技"等方面讨论了影片的成功之处,座谈会最后,与会者一致认为:"《一江春水向东流》这片子已接近世界水准。我们以为,假如中国电

---

① 以群:《中国电影的新路向(上)》,《大公报(上海)》1947年11月20日,第9版。

影的技术条件更好一点的话，这片子的成就是更不止此的。艺术工作者的认真的态度将能克服一切的困难。由于《一江春水向东流》一片在编剧，导演，摄影，演技各方面的成功，我们为国产片的前途感到欣幸，更愿电影界从此向改革的途上迈进。"①

郑君里说："在当时的国民党统治区里，要摄制一部带有若干现实意义的影片，不是没有困难的……横在面前的第一关就是反动派的政治迫害和影片检查。"②可是，这话似乎也不是必然正确的，中华民国政府的电影检查委员会或者其他的政治、文化、军事的部门，即便在左翼电影大盛的时期，也几乎没有发生过特别残酷的极端案件。对于1947年上映的《一江春水向东流》来说，它非但没有受到很大的阻力（只是被要求将"接收夫人"改为"秘密夫人"），反而在1947年获得了上海文化运动委员会举办的中正文化奖金电影金牌奖，以下是《一江春水向东流》获奖报道：

> 三十六年度中正文化奖金上海文化运动委员会所举办之电影金牌奖，已于日前揭露，以"昆仑"公司出品之《一江春水向东流》得分最多而获首奖，二月十五日国定戏剧节，

---

① 《中国电影的纪程碑：〈一江春水向东流〉座谈记录》，《风下》1948第114期。
② 郑君里：《郑君里全集》（第四卷），第417—419页。

该会邀请戏剧界同仁假上海湖社举行庆祝并颁发电影金奖牌,"昆仑"公司到总经理夏云瑚,厂长任宗德,副厂长孟君谋,演员白杨、上官云珠、吴茵、严工上、秦小龙,编导郑君里、摄影师朱今明、布景师韩尚义。首由潘公展、熊佛西、周信芳、罗学濂……演讲戏剧节之意义及今后之使命。末由潘公展氏给奖,"昆仑"获得之金奖牌,由厂长任宗德代表受领。①

1959年《一江春水向东流》重映时的广告

---

① 《戏剧节颁发电影金牌奖:〈一江春水向东流〉获首奖》,《昆仑影讯》1948 年第 12 期。

1956年《一江春水向东流》重映①，此时的郑君里因之前拍摄《我们夫妇之间》（1951）而遭受批判。他在《为什么拍摄〈一江春水向东流〉》一文中，以阶级分析方法进行了创作阐释，他的这种阐释，能在多大程度上反映或者还原当时的创作情形，笔者在这里不做揣测。他在文章中是这样说的：

> 这部影片叙述了二十年前——抗日战争前后一个家庭演变的悲剧。
>
> 伟大的抗日战争在全国人民的生活中掀起了翻天覆地的变化，但在不同的地区里，人们的遭遇却是不同的：沦陷区和国民党统治区的人民在日寇和国民党反动派的压榨下，过着牛马一样的生活；解放区的人民在共产党的领导下翻身做了主人。沦陷区的人们在绝望的深渊中眼巴巴地盼望胜利，盼望"天亮"！经过悠长的八年，好容易"天亮"了，可是等待他们的却是"胜利"的灾难："接收大员"像蝗虫似地满天飞来，到处闹"五子登科"（金条子、洋房子、女子、车子、衣料子）；汉奸们摇身一变为"地下工作者"，依旧骑在人民头上；美国兵代替了日寇，横行霸道，奸淫掳掠；最后，国民党反动派索性扯下假面具，向解放区发动全

---

① 笔者按：1959年正月十五《一江春水向东流》再次重映。

面进攻！全国人民十年来抱着的一线不绝如缕的争取和平的希望，到此全归幻灭！当时上海曾流行过几句民谣：左等天亮，右等天亮，天亮到了——更加遭殃！

这简短的十六个字道出了当时国民党统治区人民失望的心情。

在这种气氛之下，我们怀着对蒋政权烈火一般的仇恨，写下了"一江春水向东流"。①

此外，郑君里还回应了新中国成立以前文艺界对这部影片的批评。在回应是否与《琵琶记》有关联时，他只是说"有人认为"，并未直接指明田汉：

有人认为《一江春水向东流》是古老的《琵琶记》的翻版——张忠良是现代衣冠的蔡伯喈，素芬是赵五娘，丽珍、文艳是牛氏，骂子的老母是张广才的化身。从情节上看，可能造成这种印象，但我确实记得，在楚生写作剧本时，我们从未想起《琵琶记》。②

---

① 郑君里：《为什么拍摄〈一江春水向东流〉》，《人民日报》1956年9月23日，第8版。

② 同上。

对田汉所指出的影片"企图'从一个人的遭遇看中国抗战'。但我们很遗憾地还不能从它看到真正中华民族抗战的悲壮的史诗。"这一观点,郑君里认为:

> 有人鉴于本片用"编年史"的方式叙述了当时长江流域几个城市和农村的各种生活面,便认为作者企图反映整个抗战时代。这个看法是与实际不符的。影片中虽有若干片段多多少少反映了当时社会的一些矛盾和斗争,但却未能反映出最主要的斗争的全貌和发展;因为从我们所挑选的主角张忠良(变节的小资产阶级)和素芬(善良而战斗性不强的城市贫民)的身上,不可能反映出这些斗争,而可能承担这一任务的张忠民这一群,却被迫退到影片的后景里去。离开历史的主脉,我们就无法正确地反映时代。①

对于当时不少人(特别是田汉)批评张忠良的转变不合理,主题有缺陷、不够积极等问题,郑君里也给出了自己的解释:

> 有一部分人认为影片的主题是批评一个知识分子向环境投降变节,并指摘作者把张忠良的变节完全委过于环境,而

---

① 郑君里:《为什么拍摄〈一江春水向东流〉》,《人民日报》1956年9月23日,第8版。

忽略他本身软弱的一面。又有人认为张忠良是个有正义感的知识分子,写他后来变成叛徒,并不是太有根据的。对这些问题我们在下笔之前不是没有考虑过。我们以为把原来秉性善良的张忠良的变节,解释为受了国民党统治区的恶劣环境所腐蚀,可以在此时此地燃烧起千百万观众的仇恨之火,去进攻当前的社会制度。全剧虽以忠良变节为动作贯串线,但它并不是最高任务。①

在文章的最后,郑君里具体地回应了外国观众格力葛所关心的影片的结局的问题,其实也可以将这段话看做对赵清阁批评影片缺少"反抗精神"的一种回应:

> 这位热心的外国观众的意见代表了许多人的看法,很值得我们重视。……千千万万与素芬同道的人们都挣脱了被侮辱与被损害的命运,勇敢地站了起来,我们更加感到原来的处理(在当时当地虽曾发生一定的作用),不能满足当前广大观众的愿望。我们一度打算过改摄结局——写素芬带着抗儿和老母坐船回乡(游击区),在怒涛滚滚的大江中扬帆东去……,后来考虑到在全剧中,类似的缺点不止一处,

---

① 郑君里:《为什么拍摄〈一江春水向东流〉》,《人民日报》1956 年 9 月 23 日,第 8 版。

只加局部的缝补修改反而容易弄到不伦不类。一个特定的历史时期的创作仍以保存其本来面目为宜,终于放弃了这个想法。①

---

① 郑君里:《为什么拍摄〈一江春水向东流〉》,《人民日报》1956年9月23日,第8版。

现实主义政治电影

　　1947年5月，联华影艺社与夏云瑚、任宗德合资经营的昆仑影业公司合并。改组后的昆仑影业公司，"继承和发扬了左翼时期党领导的电影斗争的传统和经验，建立了编导委员会，由阳翰笙、蔡楚生、史东山、陈白尘、沈浮、陈鲤庭、郑君里等担任编导委员会委员，先后由阳翰笙、陈白尘担任编导委员会主任，加强对'昆仑'影片创作的领导。"①在《一江春水向东流》获得巨大成功的情形下，郑君里与蔡楚生准备再度联手，筹拍故事新片《西湖春晓》。应该说，这部影片得到了昆仑影业公司相当的

---

① 程季华主编：《中国电影发展史》（第二卷），北京：中国电影出版社，1980年版，第209页。

重视，从1948年出版的《昆仑影讯》对该片的介绍，可见一斑：

> 蔡楚生、郑君里继《一江春水向东流》后之新作《西湖春晓》，整个故事之大纲在二人协力创作之下，已告就绪，分幕剧本亦着手编写，惟蔡、郑二人之一贯作风，剧中故事人物绝非空中楼阁闭门造车，故在写作之前收集杭州资料，文稿书籍高盈数尺，并多次亲赴杭州实地调查。近写作中郑君里因剧中若干问题又复去杭州四次。昨携带旅行包一只，第五次去杭，其夫人黄晨携子亲送至北站，同行去杭者尚有孟君谋。预料《西湖春晓》完成之日，郑君里往返沪杭道上，将在百次以上也。①

蔡楚生因"抗战期间流亡生活，营养不良染病颇剧，经年余治疗，已较前健康"，不过"每五日必往医院注射空气针"②，不能舟车劳顿，所以赴杭实地考察、看景、拍摄外景镜头等任务几乎全落在郑君里和摄影师朱今明的身上了。郑君里对于该片拍摄前的资料收集工作可谓尽心竭力："在杭州时即樵夫船家，均

---

① 《〈西湖春晓〉写作中：郑君里五次去杭》，《昆仑影讯》1948年第16期。
② 《蔡楚生郑君里新作：〈西湖春晓〉征资料：杭州看外景拍得风景镜头》，《昆仑影讯》1948年第11期。

加询问,对彼等之生活情况、当地风俗颇为注意,并赴各处广集素材,以便加以整理。"①然而,不知为何,这部用心筹备良久的电影,竟然搁置下来,无疾而终,所见到的关于《西湖春晓》的报道也只见诸《昆仑影讯》《星期电影》《青青电影》《影剧天地》等有限几家杂志,该片最终只是采风时拍摄了一些外景镜头而了事,紧接着郑君里便开始筹摄新片《乌鸦与麻雀》事宜。鉴于昆仑公司与中国共产党的亲密关系,笔者大胆猜测,此时的郑君里或者昆仑影业公司当局很有可能接到了1949年前的第一个政治任务——赶拍《乌鸦与麻雀》。

"昆仑"的《乌鸦与麻雀》几乎与"中电"的人物传记片《武训传》同时开摄。彼时的导演孙瑜刚从美国考察归来,电影界同仁敏锐地预感到历史的某个重要节点即将到来,建功立业意识使他们要在这个节点到来之前大干一场。和《乌鸦与麻雀》不同的是,影片《武训传》在拍摄之始,似乎就已经预示了它日后的命运。孙瑜的朋友周南在《从孙瑜谈到〈武训传〉》一文中说:

> 两个月前,有一次与马思帆兄在"五层楼"与孙瑜先生聊天的时候,就听见他谈起要拍《武训传》,当时我认为这

---

① 《蔡楚生郑君里新作:〈西湖春晓〉征资料:杭州看外景拍得风景镜头》,《昆仑影讯》1948年第11期。

是一件吃力不讨好的事，因为关于武训的故事，裴冲已把它搬上银幕，改名为《义丐》（剧本出自女作家盛琴手笔），结果并没有什么优越的收获，并且传记片很容易趋于沉默的场面，所以在中国的影坛中从事于摄传记的片子少若凤毛麟角了。①

显然，周南是从题材的层面来看待《武训传》的，在历史的节点即将到来之前，这些从五四时期过来的知识分子还没有习得将艺术直接与政治意识形态挂钩，如果孙瑜早早地窥探到《武训传》将面临的命运，不知他是否还有勇气拍摄这部引发整个文化界大批判的电影。当然，这个假定的问题是无法求证的，因为时间不会倒流。1951年5月20日，毛泽东在《人民日报》发表社论《应当重视电影〈武训传〉的讨论》，号召文化界展开关于电影《武训传》及其他有关武训的著作和论文的讨论之后，孙瑜做出了检讨，孙瑜在检讨中说：

这一作品在思想上和艺术上的严重错误突出地暴露了潜存在我个人灵魂深处资产阶级思想的毒素，使我错误地站在资产阶级立场，在实际上做了他们的代言人！……作为一个

---

① 周南：《从孙瑜谈到〈武训传〉》，《影剧》1948年第3期。

未经改造的文艺工作者，对于自己错误作品和自己思想实质的检查、批判和改造，在今天已经不仅是个人的问题而是整个文艺工作者对资产阶级腐化堕落思想所作的思想斗争，也是一场严重的阶级斗争了。①

那么，郑君里的这部暗喻了蒋家王朝覆灭前最后挣扎的《乌鸦与麻雀》的命运又如何呢？郑君里在《自编年表》里写道："1949年3月，拍《乌鸦与麻雀》，为国民党禁止；在昆仑改写《乌》剧本，准备后拍。"②笔者在1949年出版的《青青电影》中找到了《乌鸦与麻雀》被禁的信息："昆仑公司新片《乌鸦与麻雀》业已开拍半月，最近为了电影检查会对剧本审查未予通过，故即日起该片已暂停摄制。"③平心而论，《乌鸦与麻雀》将故事背景设定在辽沈、平津、淮海战役共产党节节胜利、国民党政权即将覆灭的大历史时刻，不能不引起蒋家政权的恐慌，《乌鸦与麻雀》剧本无法过审实属一种必然。

1949年5月28日，伴随着上海解放，郑君里不再投鼠忌器，他在观看解放军上海入城仪式之后，精神上大受鼓舞，决心赶出中华人民共和国成立后第一部影片。另据1949年6月20日出版的

---

① 孙瑜：《对编导电影〈武训传〉的检讨》，《新华月报》1952年第7期。
② 郑君里：《郑君里全集》（第八卷），第227页。
③ 《〈乌鸦与麻雀〉停拍》，《青青电影》1949年第12期。

《青青电影》披露：上海解放后，被查禁的《乌鸦与麻雀》得以继续开拍①。1949年12月29日，《乌鸦与麻雀》试映，成为新政权建立后的首部上映影片，颇有向新政权献礼的意味。1950年1月，郑君里带着他的新片《乌鸦与麻雀》给电影局领导袁牧之等人观看，随后又到"中南海"，受到了国家领导人的接见，"受赠烟与围巾"②。可见，郑君里1949年前后在艺术上发起的最后冲刺是见到了效果，得到了赏识与认可的。

从北京回沪的火车上，郑君里看完了萧也牧发表于《人民文学》（1949年第3期、1950年第1期）上的小说《我们夫妇之间》，始有将其改编成故事片的打算。然而，这部影片的拍摄，却使得积极向新政权、新社会靠拢的郑君里，第一次嗅到了某种不可言说的气息。1949年5月，上海剧影协会成立，郑君里落选，他在《艺术创作年表》里写道："上海剧影协会成立，我落选、气恼，陈白尘、吕复等对我冷淡，硬着头皮参加'游园会'，与群众不能打成一片，很僵。"③加之1949年11月上海电影制片厂成立，于伶、钟敬之分任正、副厂长，陈白尘任艺术委员会主任，郑君里却没有调入国营制片厂，而是把他和沈浮、陈

---

① 《新片：〈乌鸦与麻雀〉续拍》，《青青电影》1949年第14期，解放号。
② 郑君里：《郑君里全集》（第八卷），第228页。
③ 同上。

鲤庭、赵丹四人留在了昆仑①。为什么把一向追求进步、积极向新政权靠拢的他留在私营厂呢？细想想，郑君里的心中大概也会嘀咕：这是新政权对他的不信任，还是对他的一次"考验"呢？

"昆仑"的公司文化一向是进步与自由并重，这也是"昆仑"战后能够出品像《八千里路云和月》《一江春水向东流》《万家灯火》等众多高水准影片的原因。然而，今时不同往日，在自由拍片路线之下，"昆仑"还不能敏锐地捕捉到此时的文化环境、文化氛围已经悄然起了变化，单纯的进步，或者说往日的进步和今日的进步，在政治上的要求已经发生了改变。依照张福贵的观点，新中国成立后，文艺承载的功能发生了转变，即文艺由清末、五四以来的"批判功能"转变为"歌颂功能"，这也是两个时代本质的差异。张福贵对共和国文学功能的论述相当精彩，从他的论述中可以很好地理解在当时政治环境巨变之下，艺术工作者的心路转变历程，他说：

> 歌颂是"共和国文学"的主要功能，这一功能来自主流的文学价值观：文学要反映生活的本质，社会主义生活的本质是光明的，所以文学就要歌唱现实。后来的许多文艺批判和论争的起因和结论都是由此而发的……

---

① 郑君里：《郑君里全集》（第八卷），第228页。

在这种话语环境的巨变之下，无论是小说《我们夫妇之间》，还是电影《我们夫妇之间》（1951），都是"不合时宜"的。为什么这么说呢？《我们夫妇之间》表现的是革命中成长起来的知识分子干部和大字不识一箩筐的爱人之间，在革命胜利之后滋生出的情感矛盾，以及由此凸显出的阶级之间巨大的生活趣味的差异。显然，这个戏不是直接歌颂新社会、新生活的，它凸显的是个体情感的差异，表现的是现实主义情感的真实性。一个新政权刚刚建立起来的时候，尤其是还处于巩固的阶段，这样的真实情感的表达很容易被视为扩大阶级矛盾、歪曲工农形象、创造反面典型，而这种现实主义之下的"典型环境"与"典型人物"，自然不是"社会主义革命现实主义"所需要的和能够接纳的。

1951年春，郑君里完成影片《我们夫妇之间》的全部拍摄工作，是年5月，毛泽东发表社论《应当重视电影〈武训传〉的讨论》，很快，"讨论"演化成了政治大批判。郑君里7—8月份访问捷克和苏联期间所担心的事终于发生了，《武训传》的批判慢慢波及《我们夫妇之间》，9月上旬郑君里回到北京，此时"已有批判《我们夫妇之间》的迹象"[①]。知识分子改造运动和文艺整风运动迅速扩展至上海乃至全国，郑君里不得已在上海的人代

---

① 郑君里：《郑君里全集》（第八卷），第231页。

会上做出了题为《我必须痛彻地改造自己》的检讨,他在检讨中结合《我们夫妇之间》这部"错误电影",对自己的文艺思想做出了一次系统的检查和清理,他在检查中说:

影片《我们夫妇之间》映出之后,受到舆论上一致的严厉的批评,这些批评震撼了我整个思想系统,推动我从头去检查我的生活上和创作上的思想……概括地说,我这部影片包含着三点原则性的错误,这些错误共通地说明了我在实际的工作中如何违反了《在延安文艺座谈会上的讲话》的指示,也标示出我的创作思想的资产阶级的本质。

第一点是属于主题方面的,这部影片把严肃的政治主题庸俗化。影片的主题是承袭小说的,写"知识分子与工农结合"——这是一个严肃的政治主题……但,这部电影用以表现这个严肃主题的,却是一些夫妇之间的猥琐的私生活。这是主题和题材之间的不可弥补的分裂,也是用猥琐的题材来歪曲了庄严的主题……这种分裂性恰好在我的表面上是热衷于政治而实际上是脱离政治这一特点中找到了根据地!

第二点是,这部影片以小资产阶级的观点严重地歪曲了党的事业及其干部的面貌……

第三点是,在创作方法上我用陈套的技术的玩弄来代替投入斗争,深入现实生活。毛主席教导我们要到群众中去,要到火热的斗争中去，可是我没有去！这一方面固然是当时私营公司的条件不充分，可是更主要的是因为自满、保守、懒惰，认为掌握了比较熟练的技术就有办法了……①

《我必须痛彻地改造自己》的检讨在《大公报》发表以后，郑君里彷徨的心绪慢慢平静下来。他真诚地认为错误的根源来自自身固有的小资产阶级思想，为了配合知识分子改造和文艺整风运动，郑君里主动要求电影局长袁牧之批准其参加"土改"运动，以示学习和改造之意。

郑君里参加土改工作队时留影，左三为黄晨，左四为郑君里

---

① 详细内容请参考《郑君里全集》（第三卷）《我必须痛彻地改造自己》一文，该文原载于1952年5月16日《大公报》。

需要指出的是,《我必须痛彻地改造自己》一文是郑君里第一次检查和清理自己思想系统的结果,随后他主动修改了对现实主义的认识。据《郑君里全集》(第三卷)《什么叫做现实主义》一文的注释,该文原稿写于中国电影制片厂的信纸上,而郑君里是1939年初加入"中制"的,因此编者判断该文写于1939年之后,且"是否发表不详,标题系编者所拟"。①这样的判断大致是合理的,但是笔者必须说,《什么叫做现实主义》一文,很可能是其1939年加入"中制"后所作,中华人民共和国成立初期又修改的。原因如下:

在该文的第十条"民主的集体的创作的基础——圆桌会议制"之(C)项提到了"民主集中制的集体创作"原则:

> 我们认定:每个上演剧本是我们团体的思想文化的表现,每个上演的剧本应该有我们思想上和艺术风格上的特点。
>
> 每个创作者有地位的平等,这是"民主",但我们还需要"集中","民主集中制"反映到演剧上来就成为导演与其他工作者之间所表现的组织者的关系。
>
> 剧作者提供了演剧创作的元素——剧本。导演是站在

---

① 郑君里:《什么叫做现实主义》,《郑君里全集》(第三卷),第142页。

剧作者和剧团作者之间来统一全体的创造意志的。用什么来统一呢？又是用根据我们的体系和我们思想、艺术特点，根据他自己特有的所拟定的导演计划。集体可以补充它、修改它，假使有充分理由，甚至可以共拟一个新的来代替旧的。但，当计划已经通过后，它便在原则上发生了强制作用，各个工作者在规定的范围内可以把创造性发挥到极致。在此时期他是集体创作意志的代言人，他一方面对全体鼓动最大的创作的灵感，沟通各分工部门的各工作者的辩证的激发，一方面拨正他们的方向，调整他们之间的平衡，于是他成为整体的组织者，思想方向与艺术风格的指示者。

成为导演的监察者仍然是集体。集体应该不断地举行集会（在苏联，往往是在一幕戏排完之后）来检查，可以对导演建议，他可以接受，或部分采纳。除非他犯了原则上的错误，即把集体创作意志引上错误的方向，不然，这种建议不必一定要带强制性。[1]

郑君里在中华人民共和国成立之前，一直在"白区"工作，虽然读过《在延安文艺座谈会上的讲话》，但是是"抽除了思想改造这个革命内容，用咬文嚼字、断章取义的方式来体会

---

[1] 郑君里：《什么叫做现实主义》，《郑君里全集》（第三卷），第150—151页。

的"①。而文中直接提到的诸如"要民主还要集中""民主集中制"等语词,其文艺工作的方法与政治指导原则一致,在郑君里之前的语词系统里不曾出现过。由此判断,《什么叫做现实主义》一文,应该是郑君里1939年加入"中制"后所作,1949年以后又进行了修改。明确了这一点,再来看《什么叫做现实主义》一文,也就能更准确地把握郑君里的文艺思想、观念的演变轨迹了。

郑君里原初是如何认识现实主义的呢?他在该文中说:

> 是指一个作家(在演剧方面是剧作者、导演、演员等等)在作品里根据正确的世界观,踏入现实的社会里,汲取他的创作原料,不单是把创作原料的精微部分表现得真实,主要地要从中挑出典型的人物和典型的事件,把这种典型人物在典型事件中(或场合中)的活动,传达的最真实。②

这也是他拍摄《我们夫妇之间》的指导思想。新政权刚刚建立,万象更新,这些曾遭受国民党政府电影检查制度、出版审查条例压制的知识分子,觉得一个全新的时代终于到来了,艺术家自由的、解放的时代终于到来了,属于自己的全新的时代终于

---

① 郑君里:《郑君里全集》(第三卷),第296页。
② 同上。

到来了！于是，这些知识分子在新政权的礼遇、"政治理想主义和个人的建功立业意识"①的感召之下，准备大干一场，建立功勋。

在电影界来说，那些在战乱时代的电影艺术工作者常常没有安定的摄片环境，甚至有时过着居无定所、食不果腹的日子。中华人民共和国成立后，电影业很快被纳入国家体制之下，从业者的社会地位大幅提高。国家出台了很多有利于文艺工作者的政策——减房租、分房、提高工资待遇、社会地位等。譬如分房，像郑君里、赵丹、王人美、秦怡、孙道临等抗战胜利后在上海是没有住房的，多是挤在"联华""中制""昆仑"等摄影厂的厂房里。1949年以后，公家配了房，他们住进了武康大楼，与宋庆龄居所只隔了一条街。这在以前，是难以想象的。

1920年代武康大楼

---

① 张福贵：《民国文学：概念解读与个案分析》，第23页。

孙瑜的《武训传》、郑君里的《我们夫妇之间》、黄佐临的《腐蚀》《假凤虚凰》等遭到批判后，整个电影界诚惶诚恐，从业者更是争相清理自己的文艺思想。在经历了批判与检讨事件后，郑君里对自己的文艺思想进行了"改造"，由批判现实主义逐渐向社会主义现实主义文艺思想转变，提出"创造一种戏剧的真实"或"想象的现实主义"等观念，使之切合国家的文艺路线要求，他在《什么叫做现实主义》一文中写道：

（1）首先，在这个体系中，一次演出是作者自己的文化思想的表现，这不能不服从于团体的世界观，而不是无原则的挑选。……

（2）假使非现实主义的剧本因某种原因被我们采纳，首先我们一定会根据现实主义的观点加以演绎、处理，正如许多现实主义的剧本为许多形式主义（泰伊洛夫、梅耶荷德）所演绎一样。因为我们所要发扬的是现实主义的基本精神，而不是写实的外貌。我们可以通过非写实的外貌去把握现实主义精神（如德国Capel氏的昆虫剧），正如许多伪现实主义利用真实的皮相去发挥反现实的思想一样。

（3）……换言之，现实主义的主题可以在表现手法和形式中剔除现实的枝节的皮相，而创造一种"戏剧的真实"，这是瓦氏所谓演剧的现实主义，或想象的现实主

义。……①

1953年2月，新中国完成了私营电影厂国有化的进程，由"昆仑""长江"组成的昆仑长江电影制片厂联合"文华""国泰""大中华"等私营厂组建的上海联合电影制片厂，正式并入早前成立的上海电影制片厂，"至此，发轫于1905年的中国电影结束了近五十年的私营化历史"②。此后，中国电影被完全纳入到国家体制当中。因此可看到，郑君里随后所摄之影片，已全部处于国家行政体制的有效控制之下，而国营电影厂所摄制的影片则是计划经济的产物，由国家文化部门下达生产指令和生产指标，影片的选题、内容和意识形态的表达完全由国家文化部门和权力部门掌控。基于上述因素，郑君里不得不调整创作策略。

郑君里对新中国歌颂的对象主要表现在以下三个方面：一是歌颂共产党、歌颂人民政府、歌颂毛泽东思想，以纪录片《人民的新杭州》（1953，上海电影制片厂）和命题作业《枯木逢春》（1960，上海海燕电影制片厂）为代表；二是在社会主义革命语境下歌颂历史英雄人物和革命英雄人物，以故事片《宋景诗》（1955，上海电影制片厂）《林则徐》（1958，上海海燕电影制

---

① 郑君里：《郑君里全集》（第三卷），第147页。
② 章柏青、贾磊磊主编：《中国当代电影发展史》（下册），北京：文化艺术出版社，2006年，第490页。

片厂)《聂耳》(1959,上海海燕电影制片厂)为代表;三是歌颂社会主义新人、歌颂知识分子改造运动,以朝鲜话剧《红色宣传员》改编的《李善子》(1963,上海海燕电影制片厂)为代表。从这些影片的主题思想、歌颂内容来看,都属于被政治意识形态改造过的现实主义政治电影。

先来看第一个方面——对共产党、人民政府和毛泽东思想的歌颂。

以下是纪录片《人民的新杭州》完成片的部分解说词:

> 在毛主席和中国共产党的领导下,中国人民站起来了,独立富强的新中国实现了,美丽的西湖回到人民的手里来了。
> 刚一解放,党和政府的首长便开始了改造城市的计划。浙江省和杭州市人民政府,决定要把杭州从消费的城市改造为生产的城市。把杭州从少数人游山玩水过着腐化生活的地方,改造成为全国人民共同享受的文化休息的公园。在人民政府的领导下,我们要把城市建设起来。广大人民团结在人民政府周围,就成为人民建设新杭州的强大力量。城市开始新的建设,它的前途就像初升的太阳一样放出光芒,也像钱塘江的潮水一样奔腾澎湃……杭州解放还只三年,可是这短短的三年已经使古老的杭州转变了面貌。解放带来了人民的欢笑,解放带来了祖国的青春。杭州是美丽的,在人民做了主人

之后，杭州就变得更加美丽。多可爱啊！这丰饶的城市，壮丽的湖山，幸福的人民生活。让我们加一把劲，努力学习，劳动创造，来把杭州建设得更富裕、更幸福、更美丽吧！①

在《〈枯木逢春〉导演经验总结》中，郑君里总结道："这出戏是通过苦妹子一家人的悲欢离合的遭遇展示出血吸虫病者的悲惨经历和毛主席领导人民战胜疫病，建立幸福生活的故事。"②为了突出"中西医结合快速疗法的创造是毛泽东思想在医学上的胜利"③（政治上的要求），郑君里不得不背离现实主义创作方法，把医务工作者的所有优良品质全部赋予在罗舜德一人身上：

> 他应该能够全心全意为人民服务，深入群众，把医药送上门；他应该能够贯彻中西医结合政策，推行快速疗法，提倡群众性的医疗活动等等。我们先给人物做了一个"鉴定"，然后根据这些"鉴定"做演绎，编些戏来图解他的所谓优良品质。我们又让罗舜德和刘翔进行一些业务上的论争——例如"一月疗法"和"三日疗法"之争，土法灭螺和

---

① 郑君里：《郑君里全集》（第五卷），第359页。
② 郑君里：《郑君里全集》（第七卷），第288页。
③ 同上书，第289页。

化学灭螺之争,中西医结合的论争,等等,力图说明这一种方法比另一种高明、有效而合理。①

为了突出疫病和农业生产之间的矛盾,郑君里又煞费苦心:

> 我又添补了几场戏,写农民赵二婶虽然怀病在身,仍然不肯离开生产岗位,另有一些人(如夏友根等)虽然被送到医院去治病,仍然惦记着田里的庄稼,悄悄地溜回田里做活,等等,我以为这样可以突出广大群众的精神面貌,相对地冲淡了苦妹子的家庭纠葛。②

以上所有的努力,都是为了满足"中西医结合快速疗法的创造是毛泽东思想在医学上的胜利"这一政治要求,在这一前提下,尽量通过艺术的手法和技巧"把戏的思想性提高一步!"③。

第二个方面,在社会主义革命语境之下歌颂历史和新时代的英雄人物。这一点,郑君里在1957年发表于《解放日报》的《关于影片〈宋景诗〉》一文中作了十分清楚的阐释:

---

① 郑君里:《郑君里全集》(第七卷),第289页。
② 同上。
③ 同上。

中国在过去的几千年的历史中产生过许多民族英雄和革命领袖，中华民族是一个具有光荣革命传统的民族。

我们人民电影要用主要的篇幅去歌颂当今社会主义时代的英雄人物，同时也应该用适当的篇幅去记录历史上的人民英雄和先进业绩。这些人物在各时代中做出了卓越的贡献，是推动当时历史前进的真正动力；同时他们又是我们这一代的先行者和可尊敬的祖先，——由于他们的努力，加速了人民获得最后解放时间的到来。特别是近百年来在旧民主主义革命时期中出现了许多英雄志士——他们所领导的各种复杂的、艰苦的斗争，替今日革命开辟了道路。

在电影中表扬祖国的先进人物，使我们认识民族光荣的革命传统，知道祖国不仅在今天，而且在过去也曾经出现过许多伟大的人物，前赴后继地为人民的理想而战斗，从而提高了自己民族的自尊与自信——这是生动的爱国主义主题。影片《宋景诗》就是这方面的初步的尝试。①

影片《林则徐》作为建国十周年的献礼片，从完稿到修改再到定稿，受到文艺部门主要领导空前的重视，至少收到了来自蔡楚生（时任上海市电影局副局长、中国文联副主席）、瞿白音

---

① 郑君里：《郑君里全集》（第六卷），第165页。

（时任上海市电影局副局长）、陈荒煤（时任文化部副部长）、阿英（时任中国文联副秘书长）等的十五份非常详细的修改意见。郑君里在《〈林则徐〉报幕》一文介绍了影片《林则徐》的主题思想，他说"中国人民给奴役了整整一个世纪"[①]，可是：

> 一百年之后，在中国共产党的领导之下，中国人民站起来了！
>
> 在一百年之后，整个世界的风向倒过来——东风压倒西风！
>
> 在不久的将来，我国的主要产品要赶上从前领头向我们挑衅的英帝国！
>
> 我十分庆幸我们的影片《林则徐》将在我们与英国进行和平竞赛快要取得胜利的前夕完成。我们的影片急于向赢得胜利的祖国人民歌唱、欢呼！我们的影片骄傲地向人们诉说，我们是一个有光荣的革命传统的民族！在百年前遭受英国侵略时，就有过林则徐这样的民族英雄，和高高举起"平英团"大纛的广州三元里一百零三乡的英勇的抗英勇士，他们的出现使中国的历史面目为之一新！
>
> 外国侵略者输入的鸦片不仅没有麻醉中国人民，反而促

[①] 郑君里：《郑君里全集》（第六卷），第304页。

醒了我们。中国人民反帝反封建的斗争,就在英侵略者点起战争之火同一天开始了!

我们怀着豪迈的民族自豪感,回顾我们战斗的过去,藐视当前帝国主义的纸老虎,像掸掉鞋上的尘埃似的把帝国主义国家甩在身后,大踏步向社会主义、共产主义迈进!①

实际上,《宋景诗》《林则徐》两部影片的拍摄都与国内外形势的变化有关。彼时东西方正处于以美苏为首的资本主义和社会主义两大阵营的冷战中,西方国家对新中国虎视眈眈,中苏关系时好时坏,五十年代末两大社会主义国家开始交恶,所以两片的拍摄,大有展示中国革命光荣传统,藐视帝国主义纸老虎,增强民族自信心、自豪感的用意。包括郑君里在内,几乎"十七年"的所有影片都或多或少地成为歌颂与宣传的工具,真正的现实主义影片几乎绝迹,多数电影实质上成为一种政治电影。在国营电影体制之下,很少有导演能够游离之外,接受上面下达的政治任务,拍摄政治电影,成为一代导演难以摆脱的历史宿命。

---

① 郑君里:《郑君里全集》(第六卷),第305页。

"你要回回炉了"

1949年以后,在文艺领域延续的依旧是毛泽东《在延安文艺座谈会上的讲话》精神:

> 1943年11月7日,中共中央宣传部又再次发布文件,将《讲话》定位为"思想建设理论建设的事业上最重要的文献之一",强调指出"毛泽东同志讲话的全部精神,同样适用于一切文化部门,也同样适用于党的一切工作部门。全党应该认识这个文件不但是解决文艺观文化观问题的教育材料,并且也是一般解决人生观与方法论问题的教育材料。"这些概括和宣传真实地反映了毛泽东《讲话》的基本内容和最终

目的,文艺的纲领就是思想的纲领,而思想的纲领最终是政治的纲领。①

正如张福贵指出的,讲话的基本内容和最终目的指向的是"文艺的纲领就是思想的纲领,而思想的纲领最终是政治的纲领",所以也就不难发现,1949年以后,历次的文艺斗争其实都有一副政治斗争的面孔。1956年4月28日,毛泽东在中央政治局扩大会议上提出"百花齐放、百家争鸣"方针,5月2日,毛泽东在最高国务会议上正式宣布将"百花齐放、百家争鸣"作为党发展科学、繁荣文学艺术的指导方针。"双百方针"的提出,实际上是较之前对知识分子高压态势的一种即时调整,这种调整又随着政治斗争的需要而做出新的调整。

1962年9月24日,毛泽东在中共八届十中全会上作了关于阶级、形势、矛盾和党内团结问题的讲话,提出阶级斗争必须年年讲、月月讲、天天讲。再一次批判了所谓"单干风""翻案风""黑暗风"。那么,1963年毛泽东批判的许多文艺部门"至今仍是'死人'统治着"②的论调,则可视为是对游离于他1942年"讲话"精神之外的文艺路线的批判。其实,至少对于部分地掌握文化系统的田汉、夏衍、陈荒煤、阳翰笙等人来说,除延安文

① 张福贵:《民国文学:概念解读与个案分析》,第21页。
② 郑君里:《郑君里全集》(第八卷),第239页。

艺路线以外，还有另外一条路线。1964年，张春桥在上海"全国京剧现代戏观摩演出大会"的报告中公开提出电影系统在北京有一条反动的资产阶级"夏、陈路线"，在"夏、陈路线"的罪名下，电影局、各制片厂的一大批创作骨干遭受批判。① 紧接着，1966年，林彪等又在部队文艺座谈会上炮制出"文艺黑线专政论"："文艺界……被一条与毛主席思想相对立的反党反社会主义的黑线专了我们的政，这条黑线就是资产阶级的文艺思想、现代修正主义的文艺思想和所谓三十年代文艺的结合。"② "文艺黑线专政论"批判了文艺界的 "写真实"论、"现实主义广阔的道路"论、"现实主义的深化"论、反"题材决定"论、"中间人物"论、反"火药味"论、"时代精神汇合"论和"离经叛道"论。如果假定这条"文艺黑线"存在的话，那么它恰恰道出了1949年以后知识分子不断遭遇"洗澡"、批判和自我批判的原因。

夏衍、陈荒煤是1949年以后电影系统的主要领导，在《郑君里同志错误文艺思想自我检查》（以下称《检查》）一文中，他们成了被批判的"题材宽广论""多样化论""创作分工

---

① 郑君里：《郑君里同志错误文艺思想自我检查》，《郑君里全集》（第三卷），第320页。
② 《林彪同志委托江青同志召开的部队文艺工作座谈会纪要》，北京：人民出版社，1967年，第6页。

论""因人制宜论""技巧至上论"的始作俑者,内在的,想必他们也会是"人性论""艺术至上论"的拥护者,只是在当时残酷的政治环境之下,没人敢否定"政治至上"而竖起艺术第一、政治第二这杆大旗的。就"题材宽广论"而言,它实际上打破了政治样板戏直接歌颂"工农兵"的桎梏,从而把题材拓宽至歌颂历史人物,以期在艺术上有所精进,实则是无奈之举。"夏、陈"在郑君里拍摄《宋景诗》《林则徐》《聂耳》时给予了他很大支持和帮助,甚至在他面临压力之时,陈荒煤对北京电影创作人员讲话时说:"郑君里是拍了林则徐,怕人家说'掉到历史堆里去'就没有才气!要量材使用,发挥他的长处!"著名文艺理论家、宣传系统领导林默涵也说:"你要拍历史片,感到压力,我们支持你!"[1] 电影、宣传系统的主要领导用"因人制宜论"因势利导,实际上是为了保护有才华的电影工作者,为他们纾解压力、削弱冲击。

郑君里接连拍摄三部"死人电影"受到批判以后,有一次,周恩来在观看朝鲜话剧《红色宣传员》时私下对他说:"君里,你要回回炉了。"[2]"回炉"的结果,是他接受了《李善子》的拍摄任务,他在《检查》中说:"是党又一次把我从死人堆中挽

---

[1] 郑君里:《郑君里全集》(第八卷),第237页。
[2]《我的父亲郑君里》,《三联生活周刊》2008年第9期。

救出来！"①可是，就是这样的一部直接地歌颂毛泽东思想的电影，依然受到了大批判，因为"文艺四清"开始了，郑君里成了"文艺四清"的重点对象，"他开始没完没了地'清理'自己"②。他在1965年4月21日写下了这篇《自我检查》的文章，全面地检讨了自《林则徐》《聂耳》《枯木逢春》以及拟拍摄的《李白与杜甫》《胆剑篇》等"死人电影"的错误思想根源。他在反思拍摄《李善子》时说：

（一）艺术第一，政治第二；

（二）不是从主题思想出发，而是从情节出发，抓了情节丢了思想；

（三）不用阶级观点而用人性论去塑造人物；

（四）对劳动人民的落后思想采取嘲讽态度；

（五）轻视生产劳动；

（六）追求唯美主义；

（七）抒士大夫、小资之情；

（八）小市民噱头。③

---

① 郑君里：《郑君里全集》（第三卷），第323页。
② 黄晨口述，郑大里整理：《我和君里》，第97页。
③ 郑君里：《郑君里全集》（第三卷），第329页。

可以说,"文艺四清"运动彻底撕下了"文斗"的面纱,开始向着"武斗"发展,而"文化大革命"即将在四清运动结束后爆发。黄晨在《我和君里》一书中十分详细地介绍了当时的情况:

> 最可怕的是那些"革命组织"的电话,他们说多少时间内要来抄家,要来批斗,要我们全家等着,不然做"对抗革命群众运动处理"。于是,我们只好等着。有的来了,里里外外抄个遍,批斗一通,走了。可有的根本不来,你又不敢睡,一等一整夜,那个滋味,就像有一把刀悬在你的头上,不知道什么时候会掉下来。……①
>
> 叫我最难过的一关是揭发君里。要我揭发他,现在听起来是个很荒唐的事。可是,我每天一进上影厂的大门,面临的第一件事就是——揭发君里!……君里知道我的处境,一天深夜他回到家,很快地写了几份材料,交到我手里说:"这是他们要我写的交代材料,你马上誊抄一下,明天交给他们,算作是你的揭发。你日子也难过啊!"我含着眼泪,把材料誊清,材料上写了些什么,我几乎没有一点点印象,第二天交给了"造反派"。夫妻之间的感情要这样来表达,

---

① 黄晨口述,郑大里整理:《我和君里》,第98页。

恐怕只有在当时中国才会有！①

本来郑君里虽然每天早上4点多钟就要骑着车去"上班"，到了厂里，就要在"革命群众"还没上班之前把地扫干净，然后就是无休无止地重体力劳动……还要接受群众组织的"提审"批斗。每天都精疲力竭，有时被打得鼻青脸肿……②

在这样反复交代、检举和揭发中，郑君里天真地以为真是自己的路走错了，犯了"路线问题"，从1952年他第一次遭受批判以后，这个问题就一直困扰和折磨着他。他战战兢兢地把自己"反思到灵魂深处"，查找"错误根源"，积极向"组织"交心，改正"错误"，追求进步。他的艺术信念在这种反复的"纠错"过程中轰然倒塌，继而试图重新建立起一套符合政治意识形态要求的艺术观念。在"组织"要求揭发和检举别人的时候，他也曾写下揭发"四条汉子""三十年代文艺黑线""夏、陈路线"（涉及吴永刚、田汉、夏衍、陈荒煤、石挥等人）的文章。在今天看来，也许是难以接受的，至少它破坏了我们对郑君里的想象。可是，只要退回到当时的环境中，在考察了这一代知识分子内心的彷徨、挣扎与恐惧之后，就能明白，这绝不是一个人的

---

① 黄晨口述，郑大里整理：《我和君里》，第98—99页。
② 同上书，第104页。

问题。

1964年12月上旬,郑君里送《李善子》双片到北京请审,并参加政协会议:

> 田汉、阳翰笙参加,在会上我初步提出对他们的批判,阳不服,周扬也开假批判会,当时总理忙于开会讨论"23条",抽空来看,并广泛地请各有关部门——如"秀才班"、外事口、北京人艺(提意见),大家对戏不满,总理为了了解我的创作思想问题,又连看《聂耳》《枯木》等片,对我提出语重心长的批评,特别有一个夜里四时半,批示一段资料给我看,我终生难忘……①

紧接着,在1965年的1月份和春节,郑君里留在北京参加政协会议。"会后候总理指示,从总理逐次指示中,我开始检查自己的资产阶级世界观和创作思想在《李善子》中的体现,似乎在二月底才回上海,总理对我是仁至义尽。"②

之后,形势急转直下:

---

① 郑君里:《郑君里全集》(第八卷),第240页。
② 同上书,第240—241页。

1965年

3月	《李善子》组自搞批郑。
3月19日	应柯庆施同志之召,与张瑞芳同去广州聆听柯老教导(4月柯老去世)。
4月	电影局进行文艺思想的清理,在海燕厂内的重点人物是沈浮、赵丹、郑君里,我写成书面,作了检查(4月21日),但与群众是背靠背的,市委杨永直等包庇了我们。
6月	13日,我和王炼到北京来搞《李》的修改方案,并写成剧本中间一段。我离京十多天,6月27日到青岛与毕立奎等会合,后来又赴安庆看外景,看完外景又回北京。
7月6日	把修改的剧本印成铅印本,然后回沪。
7月下旬左右	得电,叫杨勇直和毕、郑、张到京,经总理研究,决定放弃《李》片补戏计划,并到北戴河与周扬研究,吴雪、刘白羽也去,周扬同意总理决定,回京后,总理召集文艺界谈话,号召我们赶快下生活,参加"四清"。

9月16日	到安徽定远县严桥公社安东杨生产队下"四清"。

1966年

1—5月	在安东杨下"四清",2月春节期间,回上海10天。
5月10日	到定远做总结。
5月18日	回到上海。

1967年

7月23日	时钟策采访。
9月16日	少年宫批斗。
12月8日	隔离审查。[1]

1969年4月23日,在狱中(少教所)已被关押、批斗、折磨了将近两年的郑君里,因罹患肝癌,在上海的中山医院去世。去世前,黄晨一家在监视之下获准"探视",儿子郑大畏、郑大里围在父亲的病床前,已经病危的郑君里对他们说:"我一直在交代,病得最重的时候,我一直还在交代……我走错了路,跟了

---

[1] 郑君里:《郑君里全集》(第八卷),第240—241页。

'四条汉子',走了刘少奇的路线,我对不起毛主席……"①据黄晨回忆,郑君里说着就哭了起来。"那时候他已经睡在床上不能动了,说话时舌头已经大了,口齿很含糊。接着,他拉着大里的手在自己的胸口上搓过来搓过去。大里后来说,胸口上下全是大大小小的结节,他知道,爸爸在暗示自己的病情。"②郑君里在弥留之际留下遗言:"黄晨,以后你就跟孩子们过,他们都长大成人了。"③黄晨听了这话,"只有不停地哭,一句话都说不出来……"④据郑大里回忆,郑君里在临终之时大口大口地吐血,断气以前使出最后一点力气,喊了一声:"毛主席万岁!"⑤

从"总理对我是仁至义尽"到行将就死时的"毛主席万岁",郑君里也许在生命的最后时刻都没意识到他所遭遇的一切,并非他个人的错误,政治运动越来越迅猛,他是跟不上形势的变化的,他被裹挟在运动的浪潮里,和很多人一样,由一个谨小慎微、残缺不全的"个人",沦为政治浪潮里的一朵"殉道的浪花"。在集体的灾难里,所有的艺术信念、人生理想都幻化为泡影,被大潮推至高处,又从高处重重摔下。

---

① 黄晨口述,郑大里整理:《我和君里》,第117页。
② 同上书,第117—118页。
③ 同上书,第118页。
④ 同上。
⑤ 同上书,第120页。

附 录

1　中国左翼戏剧家联盟最近行动纲领*

—1931年九月通过—

本联盟在现阶段对于白色区域戏剧运动之领导规定下列六条之纲领，（对于赤色区域另订之。）

一、深入都市无产阶级的群众当中，取本联盟独立表演，辅助工友表演，或本联盟与工友联合表演三方式以领导无产阶级的

---

* 郑君里起草：《中国左翼戏剧家联盟最近行动纲领》，《文学导报》1931年第6—7期合刊。

演剧运动。其所采取的演剧形式,以工人群众的智识水准能够充分理解、欢迎为原则:以此除致力于中国戏剧之普罗列塔利亚写实主义的建设外,即现时流行的诸杂耍形式亦充分加以批评的采用。剧本内容的配合以所参加的集会底特殊性质与环境来决定。通常是根据大多数工人群众所属的特殊产业部门的生产经验,从日常的各种斗争中指示出政治的出路——指出在半殖民地中,中国无产阶级所负的伟大使命,指示他们彻底反帝国主义,反豪绅地主资产阶级的国民党,反黄色与右倾的欺骗,拥护苏联及中国苏维埃与红军。这一工作,除努力组织本联盟与工人团体底移动剧场式的演剧外,更应设法去组织江湖的卖艺者作更广泛的"到工人群众中去"的活动。

二、为争取革命的小资产阶级的学生群众与小市民,本联盟以上述独立、辅助、联合三种方式去发动、组织、并领导其戏剧运动,以各种手段争取在白色恐怖下公开上演的自由。剧本内容暂取暴露性的,指示出在资产阶级与无产阶级底尖锐化的斗争过程中,中间阶级之没落底必然与其出路。这一工作,除联合各大学中学剧团(最好能深入到小学)组织学校剧运动以及联合各小市民小店员剧团组织业余演剧运动外,应积极在普罗列塔利亚特的组织的政治的影响下,使与反动的演剧运动作猛进的斗争。

三、对于白色区域内广大的农村,本联盟当竭力充实主观力量与以文化的影响。在此期间,当在农村的革命青年与其所接近的城市的革命剧团之间，建立经常的，密切的关系，因而取上述三方式以领导农民演剧运动。目前应先根据各地农村底经济与地域等特殊条件，取新演剧的形式或民间传统演剧的形式，供给多量的剧本或剧本形式的故事，通过上述的农村青年与城市剧团的关系领导之。剧本内容底共同原则是暴露在封建的剥削及与外国金融资本紧相勾结的中国商业高利贷资本底榨取之下中国小农经济底急剧的破产，指示他们彻底反帝国主义，反豪绅地主资产阶级的国民党，扫除一切封建残余的势力，力争现阶段中国农村社会制度的完全民主主义化的发展。同时针对着各地农村的特殊的客观条件，而配合当地农民运动的中心口号。（如中国南部与中部一带，失地的农民占乡村人口的大多数，其斗争口号与方向在于反对地主阶级，夺取土地与夺取政权的问题，在北部如河南，山东，直隶，满州一带，则大半为小的自耕农，其斗争方面大都是反抗军阀官僚与豪绅，破坏封建土地关系的方式。）在已有革命基础的农村区域，剧本主要的内容应该是宣传土地革命，游击战争的意义及拥护中苏政权与红军。这一工作，除根据上述诸方式诸原则建设崭新的农民剧外，他方面应积极利用在过去民间娱乐中占极大优势的庙戏与社戏，而扬弃其与封建性的统治有不可离的关系的思想内容，以为农民自身演剧初步的发展。

四、除演剧而外，本联盟目前对于中国电影运动实有兼顾的必要。除产生电影剧本供给各制片公司并动员加盟员参加各制片公司活动外，应同时设法筹款自制影片。目前采为取得映出底公开性以深入各大小都市各市民层起见，剧本内容暂取暴露性的，（原则与第二条演剧运动的方案同）。工厂与农村的电影运动，暂时为主观与客观条件所限制，在此期间只能够利用"小型电影"摄取各地工厂与农村的相异的状况，映出于各地的工厂与农村之间。

五、本联盟应积极组织"戏剧讲习班"，提高加盟员的思想与技术底水准，以为中国左翼剧场的基础；组织"电影研究会"，吸收进步的演员与技术人才，以为中国左翼电影运动的基础。

六、为领导中国无产阶级戏剧理论斗争，本联盟应建设指导的理论以击破各种反动的理论；为适应目前对于剧本的逼切的需要，本联盟应即公布出版各种创作或翻译的革命剧本；同时，为准备并发动中国电影界的"普罗·机诺"运动与布尔乔亚及封建的倾向斗争，对于现阶段中国电影运动实有加以批判与清算的必要。

2　抗战戏剧运动草案[*]

一

自抗战开展后，中国戏剧运动已踏入一新的阶段，其主观与客观的条件都已变革。戏剧运动受抗战所动员，为保障抗战的胜利而存在。因此现阶段的戏剧运动必然是中国民族解放运动底实践之一部。

在保障抗战胜利的任务前，演剧不仅要发挥其宣传和教育民众的效能，而且要加强其组织和领导的作用，为组织民众的目的而进行宣传，并领导组织的力量参加抗战，使宣传组织领导诸工作发生统一的联系，始可成为政治与军事底动力之一部。

---

[*] 郑君里：《抗战戏剧运动草案》，《抗战戏剧》1938年第1卷第5期。

二

戏剧底常态的经济状况已为抗战所破坏或改变，观众底消费能力已锐减或消失，大剧场中的正常的演出已很少可能性，其商业条件亦大部消失，同时，纯商业的经营也容易成为抗战戏剧运动底开展的障碍。因此，过去戏剧与观众间之纯经济的关系应该变更为工作上的联系，始能够广泛地动员民众，开展工作。

三

抗战戏剧运动之发轫可能遇到两重阻力：第一是封建的士绅阶级的阻挫，他们以为戏剧是"下九流"的伎俩；还有没落的资产者，他们的共通点是一笔抹煞戏剧的效能。

第二，是偏激的智识分子或技术专家，他们虽承认戏剧底狭义的效能，但以为目前只需要直接参加作战，戏剧活动不应该存在，或者，参加戏剧活动无异是"逃难"，从此，他们取消了抗战的戏剧运动：这两重阻力非首先被克服不可。

四

抗战的戏剧运动的开展首先应联合各派的戏剧工作者，动员全国所有既存的剧团。一切剧作者，导演，演员舞台技术人员应即集合到所属的团体内，或互集以组织新的团体。一切职业的，业余的剧团（如学校、工厂、公会、俱乐部、同乡会、书报读者会、农村、兵营等附设的戏剧组织）应即组织成各个单位，做总的发动工作。

抗战的开展亦为促成新的剧团底诞生之有利条件。全国各地抗敌后援会及其区乡镇支部，各地的军政机关（如党部政训处、民众服务指导处、民众教育馆等）及民众团体（如战时服务队、战时工作团宣传队慰劳队）都可成为发动戏剧组织之新的基点，大量吸收新的工作人员。

经过总的动员后，各单位剧团（队）可根据各所在地域组织总部，或根据原有的组织体系隶于所属的机关，而全面的戏剧运动应组织全国的总部以统领之。

五

为着调整全面工作之平衡的开展，全国总部应即全盘估计各中心城市（如南京、上海、桂林、广州、长沙、汉口、南昌、济南、重庆、太原、北平、天津等各地）所有的剧团的实力，规定一定的工作区域与路线，在不妨碍地方工作的原则下，动员一部分移动演剧队出发内地，推动工作，训练当地干部，并促进当地剧运的开展。

全国总部应即根据组织体系建立健全的联络网，以领导各地及各移动演剧队的活动，经常的供给剧本，调整其组织，听取其工作报告，随时予以战略上的指示。

目前各地移动演剧队底工作的孤立状态及其工作区域的混乱，应迅速加强总部的领导以消除之。

六

抗战的戏剧运动应尽可能的与各地的抗战后援之经常的和一般的工作发生密切的联系，运用戏剧的效能推进其工作（如宣传、教育、训练、劝募、征发、慰劳等）才能避免宣传与组织工作之脱节。

演出既有规定的任务，应即根据观众对象的阶层，职业而规定演出的内容与形式，以为选定剧目及准备工作之参考。

在演出之前，剧团应先对当地社会作有系统的调查，对观众集团作有计划的调整。观众如不便以阶层与职业分划，则从观众所处的地域，每次演出应尽量使观众集团纯一化。演出剧目应从观众切身联系到抗战全局中各本位的动员，使整个集团受到一致的影响，在规定的任务下组织之。

在演出之后，应酌情举行座谈会，从剧情与主题底解说与讨论联系到当前战局与政治的报告与讨论，并发展为如何完成当前的任务的讨论会。如观众集团中有既成的组织（如职业或里弄和保甲组织）则以讨论会所得的结论督促其执行，如无组织者，则从环境之必要，发动各种适当的组织（如宣传队、俱乐部、教歌班、壁报社、时事讨论会、慰劳品征募队、防空防毒互助会、自卫团,游击队等等)。

七

抗战戏剧运动底扩大与深入,不仅要动员一切现有的戏剧形式,采纳其他姊妹艺术的优点,发掘传统戏剧与民间娱乐底遗产,而且要在实践中创造新演剧的范畴。

各地的战时状态往往因地域而异。离战区较远的后方,固然可以举行规模较大的公演,然而短小精悍的演出仍不失为抗战戏剧运动中的主力。一切简捷的游击式的戏剧形式如化装演讲,活报,街头剧,幕表剧,群众剧,默剧等在抗战期内将得空前的开展;各种姊妹艺术如歌咏、电影(包括小型电影及幻灯片),舞蹈绘画,包括漫画,都可以酌情采纳到演出节目里,凑成更充实的阵容。一切传统的旧剧如评剧、粤剧、秦腔、汉调、越调、桂林调、蹦蹦戏、昆曲、绍兴调、扬州调等,一切民间娱乐如民歌、童谣、弹词、说书、大鼓、道情、宣卷、清唱、花鼓戏、木人戏、西洋镜戏、影子戏、皮人戏、双簧、独脚戏、时事滑稽、开口笑、相声、变戏法、卖解等等,都可经过合理的编制与整理,使其形式与内容适应目前的需要,同时,进一步吸取其丰富的养料,以栽培新戏剧底教育。

一切演出中的用语,除在大城市中可采用国语外,其余在内地区乡镇村里应尽可能的采用土语,或酌情用相近的方言。

八

抗战的戏剧运动除了部分的摄取传统的旧剧和娱乐底优点外,应进一步发动其组织机构,动员其体系内的份子,使其转为同一战线上的友军。

旧剧界与娱乐界素有行会的组织,然其行动常受传统的,封建的"行规"所约制。每个剧团应彻底破除门户观念,与各地的梨园公所,娱乐公会,戏班子进行合作,并予以必要的助力,健全其组织,加强其战斗性,在消极方面,劝导其放弃封建意识的,才子佳人式的稗史题材,尽量演唱爱国锄奸,尚武杀敌的故事,在积极方面,彻底革新其全部机构,使适应抗战的需要。

九

在抗战期间,演出的场所亦随而发生变化。因为,第一求工作之扩大与深入,工作不能分作若干小点进行,其次因为敌机不断地空袭,如无安全的场所与设备去安插观众,往往会造成轰炸的目标。

因此,演出场所一方面应顾及召集观众集团的便利,而随时移动,一方面应尽量利用天时(如阴霾雨雾风雪)地利与防空设备等各种有利地条件,以保障观众的安全。

除非有万全的设备,户外演出应竭力避免,观众数量不能过多,一切演出宜择室内及有掩护处举行。如事先对观众集团做过切实的调整工作（如六条）则得警报后可听从统一的指挥或分批遣散，或集中隐蔽，以减少意外。

演出场所可酌查地方情形，物色适当的建筑物，如礼堂、纪念堂、学校讲堂、体育馆、教堂、庙宇、庙戏台、公所、祠堂、旅馆客厅、酒楼、茶院、车站候车室、小菜场、陋棚下、森林、土堆等等，都可以充分利用。

如应夜间举行演出，应遵守当地灯火管制的条例。

十

为着要实施上述各项工作，每个单位剧团（队）不仅要具备一个健全的剧务的（宣传）机构，同时还得加强其组织机构的活动，成立专部负责。

根据（六）项工作上的必要，每剧团在某地域内工作其组织机构应即与当地的领导机关及其下级干部以至于一般民众取得最密切的联络，根据当地的客观的情势及该处整个工作计划，规定其自身工作方针与对象，使其工作成为当地整个工作中之有机的一部。

剧团应从发动，推进抗战之一般性的工作中召集起广大的观众，然后将组织化的观众（民众）集中于当地的领导机关，统一领导之。

其次，组织机构应根据工作开展的情势，随时调整其内部组织以适应之（如临时组织征集农庄观众的游行广播队，征募队，救护队，写贴标语壁画队，慰劳伤兵写信队等等）如集体演出遭遇障碍，则应散分为若干小队以利进行。

再组织机构应在内部职员间厉行集团主义的自我教育，在工作的推进中进行各种调查和考察，举行各种讨论会研究会，严格执行自我批判，克服智识分子的动摇性与浪漫性，实施严肃的有纪律的集团生活，在集团活动中锻炼新的工作技术与组织方法，养成民主精神，提高政治教育，以加强整个集团的战斗力。

只有具备了这么一个健全的，有机的组织机构每个单位剧团才能够切实担负起抗战戏剧运动中一切艰苦的使命。

（十月二十二日草于常州）

3　论抗战戏剧运动发展底不平衡*

抗战戏剧运动底发展是不平衡的,这种不平衡一方面发现于各种剧类(话剧、传统剧、杂剧、歌剧)之间,一方面也在各种剧类的本身发现。

第一种不平衡表现出话剧底空前的开展,传统剧底新的本质渐渐萌芽,旧的本质已趋没落;杂剧与民间娱乐渐渐从各个出生地传播到广大的地区;歌剧底尝试已经开始。抗战后各种剧类都在进步着,可是进步的程度,速度和过程不是一致的。

这种不平衡是由于下列几种原因形成的:一是各种剧类底历

---

* 郑君里:《论抗战戏剧运动发展底不平衡》,《读书月报》1939年第1卷第3期,总第3号。

史的地位不同；二是各剧的形象性不同，各有各的独特的形式与方法；三是各剧所拥有的观众层不同，如过去话剧与传统剧就为不同的观众层所支持；四是各剧底性能与战斗力不同，它们在抗战中发生不同的作用与影响。

由于上述的原因，各种剧类在抗战的过程中各据不同的地位互相角逐着，进步着。话剧比起其他剧类来，其形象性是较丰富，其民主性较大，其战斗力较强，因而对抗战的贡献也较积极。抗战以后，它已经追上，而且将要超过传统剧的固有地位（在战前它还是占优势的），将要成为中国戏剧运动中的新盟主。

所以本文的讨论主要的是以话剧为中心。

第二种不平衡表现出每种剧类在全国各地发展不一致：有些地方很活跃，有的很消沉；有些地方很进步，有的很落后。

这种不平衡主要的是由于下列两个客观原因形成的：一是全国各地原来的政治、经济、文化发展的不平衡，二是战后各战区的情形与条件底不同。现在我们且举话剧的例子来说明。

过去的戏剧活动多偏于城市忽于乡村，偏于交通线上的据点忽于内地底广大的面，偏于东南和中部忽于西北和边疆，简言之，偏于政治、经济、文化较进步的地区忽于落后的地区，这种现象是从第一个原因来的，是战前战后的原来的情形。可是在持久抗战的过程中，这种情势已经渐渐地根本改变了。

现阶段地战局是"敌据城市，我据乡村"，敌寇占据我国大部分的城市和交通线，他"已将我们过去文化中心变为文化落后的区域"，而我们地对策是"将过去的文化落后的区域变成文化中心"，换言之使戏剧活动着重乡村过于城市，着重内地底广大的面过于交通线的据点，着重西南、西北与边疆过于其他地域。这种不平衡的现象将会逐渐的消灭。

其次随着战局的展开，全国各地有的变为前线，有的变为敌据区或游击区，有的是后方。这些地区的情势各有不同，而戏剧活动也在不同的条件下，担负不同的任务，采用不同方式工作着。如在前线便产生战地演剧，在游击区便有高度流动性的宣传剧，在敌据区有商业演剧及"地下的"演剧，在后方有大剧场活动等等，这些活动虽然各有特性，但都是抗战戏剧运动中的各个构成部分。

然而这些戏剧之间的进步性仍然是有差的，如战地演剧的积极性与一部分大剧场演出的西欧古典剧或"闹剧"的消极性，如"游击"的宣传剧底进步与一部分商业演剧底腐化，这中间就有不平衡。这种现象，不能迅速地消灭，就会引起戏剧运动与抗战间部分的脱节之可能。

在各个地区里的一般演剧活动，也发展得不平衡：如在前方广大的战场与长的战线上，演剧活动只限于狭小的地带，其余的地区的工作还没有开始；在后方，除了一部分消极性的演剧外，还有广泛的普及演剧活动；在游击区，演剧集中于政治工作较有成绩的地区，比较落后的地域就不活跃；在敌据区，除了纯粹的商业化的演剧外，还有积极性的"地下的"演剧。简言之，在每个地区里，各有其进步的倾向或优点，同时也有其落后的倾向或弱点。这些弱点多半是抗战戏剧运动的主观方面的缺点，即多半是由主观力量不充分，全面工作部署的不够，全面领导底没有建立这些基本原因引起的。

以上是抗战戏剧运动底不平衡的现象，及其客观的和主观原因。

这种不平衡的现象不仅表现在政治的倾向性上，同时也反映到戏剧艺术的创造上。我们说过，戏剧在抗战中逐步建立本身的完善的艺术体系。戏剧底政治性的进步或落后会影响到它艺术创作底方法的正确或错误。

中国现代戏剧艺术多取法于各先进国家的既定的"程式"与成果，而舞台上的艺术底完成离不开一定的物质的，技术的条件。战前演剧活动都集中于中心城市，这里，戏剧不仅可以得到商业资本的支持而独立发展，同时，当地一般较高的技术条件也给舞台艺术底创造提供了必要的基础。

目前敌寇盘踞了我们一部分中心城市，但还有一部分城市在我们大后方。在这里戏剧底经济的和技术的基础还依然存在，演剧商业依然发达，技术条件也不十分欠缺，因而演剧活动大体上可以承着战前的规模发展下去。戏剧底政治性的进步或落后这两种导因，通过了这里的基础便发展为两种倾向：一种是利用这些有利的条件，承袭着过去的优良的艺术传统，作为提高抗战戏剧底政治底和艺术底水准的根据，另一种是利用这些条件与传统作为卖弄技巧，发展演剧底形式主义的根据，从而取消了积极性的内容，只顾迎合商业上的目的。这是在文化中心区城中的戏剧艺术底不平衡发展，这是一。

其次，在文化中心区城与文化落后区城之间也有艺术上的不平衡。戏剧目前正在从城市转移到乡村，从交通线转移到内地，从后方转移到前线，亦即从文化中心转移到落后区域。在这些广大的落后区域中间，过去戏剧所保有的较高的文化的，经济的，技术的基础多半不具备，而换一个新的一般水准较低的环境，和一群知识程度较低的观众。于是戏剧艺术的创作——从编剧、导演、演技、舞台装饰——不得不根据新的基础，针对着新的对象和任务而有一次改变，从此就发现了新的方式和技术，创造了戏剧艺术底新的范畴。但，不可讳言的，这些新的成果是未熟而粗糙的，它正在生长着。这是在广大的文化落后区域与少数中心城市间的不平衡，这是二。

从全面看来，抗战戏剧运动底主要的不平衡发现在：一、各种剧类之间，二、每种剧类的本身。从话剧本身来说，一是在全国各地区底发展状态不平衡，二是在各地区里的一般活动底进步性的不平衡。从艺术性来说，一是狭小的文化中心底原有的熟练的成果与广大的落后区底新的，但未熟的尝试之间的不平衡；二是在这些文化中心地里，现实主义与形式主义之间的相差。

这些不平衡的现象是抗战戏剧运动的矛盾。戏剧怎么样在抗战中克服这些矛盾，建立完善的艺术体系呢？这是个问题。

我们的演剧艺术吸收了外来的成果而进步，到战前为止，这种工作还没有脱出模仿、介绍学习的阶段，还没有在中国具体环境中加以完全消化，创造出民族性的作风。这种活动是与文化中心地底一定的条件相接合，同时是与落后的广大内地的具体环境和广大民众底文化要求相隔离。

但，这并不是说要文化中心地的戏剧不应着重这些成果和有利条件，相反的，是要它加紧利用这些条件把这些成果在中国具体环境中，在抗战底实践中加速的消化，以脱出模仿而达到创造。这样才能克服形式主义的倾向，建立完善的体系和中国风格。这可以在抗战戏剧运动中发生模范的影响的。

同时落后地区中演剧活动的开展，虽然欠缺必要的物质条件，但不是否定现代剧的成果而另辟蹊径的。它也不是内容唯一主义。它是利用了现代剧底原理与方法，在当地的具体环境中，吸取新的有效的元素，以提高原来的条件；又针对着当地民众底文化程度，发现新的有效的方式，以补充或变通原来的方式。它是现代剧的成果底再消化。也就是替戏剧底艺术体系与民族风格底创造提供了更丰富的内容，打下更深的基础。

建立戏剧艺术底完善的体系和创造独立的民族风格，是一件事的两面。戏剧艺术要在抗战的实践中完全消化了外来的剧艺的成果，"弃取"传统剧丰富的遗产，并在新的现实摄取新的元素，才能完成这两种的任务——才能建立以中国社会现状为根据的现实主义的体系，创造"新鲜活泼的，为中国老百姓所喜闻乐见的中国作风与中国气派。"

参考文献

一、专著

1. 保罗·罗沙:《弗拉哈迪纪录电影研究》,贾恺译,上海:上海人民美术出版社,2006年。
2. 陈白尘:《少年行》,北京:生活·读书·新知三联书店,1988年。
3. 程季华主编:《中国电影发展史》,北京:中国电影出版社,1980年。
4. 高维进:《中国新闻纪录电影史》,北京:世界图书北京出版公司,2013年。
5. 歌德:《少年维特之烦恼》,关惠文译,北京:北京联合出版公司,2016年。

6. 葛飞：《戏剧革命与都市漩涡：1930年代左翼剧运、剧人在上海》，北京大学出版社，2008年。

7. 黄晨口述，郑大里整理：《我和君里》，上海：上海文化出版社，2013年。

8. 李玉等：《南京百年城市史：1912—2012（政府卷）》，南京：南京出版社，2014年。

9. 李镇主编：《郑君里全集》，上海：上海文化出版社，2016年。

10. 鲁迅：《鲁迅全集》（第六卷），上海：鲁迅全集出版社，1938年。

11. 鲁迅：《鲁迅选集》（三卷），北京：人民文学出版社，1983年。

12. 马明超、王彩云主编：《中国民间文学大辞典》，哈尔滨：黑龙江人民出版社，1996年。

13. 门岿、张燕瑾主编：《中华国粹大辞典》，北京：国际文化出版公司，1997年。

14. 尼采：《悲剧的诞生：尼采美学文选》，周国平译，北京：生活·读书·新知三联书店，1986年。

15. 齐格弗里德·克拉考尔：《电影的本性》，邵牧君译，南京：江苏教育出版社，2006年。

16. 田汉：《田汉全集》（第一卷），石家庄：花山文艺出版社，2000年。

17. 王尔德：《谎言的衰落：王尔德艺术批评文选》，萧易译，南京：江苏教育出版社，2004年。

18. 王尔德：《莎乐美》，徐葆炎译，上海：光华书局，1927年。

19. 许南明、富澜、崔君衍主编：《电影艺术词典》（修订版），北京：中国电影出版社，2005年。

20. 张福贵：《民国文学：概念解读与个案分析》，广州：花城出版社，2014年。

21. 张浩主编：《电影作品分析教程》（第二版），北京：国防工业出版社，2016年。

22. 章柏青、贾磊磊主编：《中国当代电影发展史（下册）》，北京：文化艺术出版社，2006年。

23. 章绍嗣主编：《中国现代社团辞典1919—1949》，武汉：湖北人民出版社，1994年。

24. 郑亚玲、胡滨：《外国电影史》，北京：中国广播电视出版社，1995年。

25. 中国传媒大学艺术研究院编：《艺术概览》，北京：中国传媒大学出版社，2012年。

26. 钟大丰、舒晓鸣：《中国电影史》，北京：中国广播电视出版社，2007年。

二、期刊、报纸

1.《青青电影》

2.《现代小说》

3.《南国月刊》

4.《中华》

5.《文学导报》

6.《中国电影杂志》

7.《开麦拉》

8.《银幕周报》

9.《电影艺术》

10.《电声》

11.《联华周报》

12.《电影月刊》

13.《影戏年鉴》

14.《新人周刊》

15.《电影》

16.《天文台》

17.《小说》

18.《电影新闻》

19.《现代新闻》

20.《玲珑》

21.《星华》

22.《电影周报》

23.《影舞新闻》

24.《中国电影》

25.《中国摄影学会画报》

26.《娱乐》

27.《现世报》

28.《现代中国》

29.《电星》

30.《大众影讯》

31.《抗战电影》

32.《舞风》

33.《政府公报》

34.《企业周刊》

35.《华股日报》

36.《申报年鉴》

37.《民国春秋》

38.《抗战戏剧》

39.《大都会》

40.《剧场艺术》

41.《公教周刊》

42.《少年先锋》

43.《人物杂志》

44.《时代电影》

45.《中国电影画报》

46.《国民政府公报》

47.《中外影讯》

48.《联合画报》

49.《京沪报》

50.《一四七画报》

51.《吉普》

52.《影艺画报》

53.《星光》

54.《人民日报》

55.《女声》

56.《影剧周刊》

57.《海燕》

58.《昆仑影讯》

59.《上海特写》

60.《国际新闻画报》

61.《中外春秋》

62.《泰山》

63.《大世界》

64.《春海》

65.《现代妇女》

66.《影剧》

67.《新华月报》

68.《大公报》

三、论文

1. 刘正刚、乔素玲：《20世纪初旅沪粤人办学探析》，《广东史志》2000年第1期。

2. 孙晓芬：《郑用之从影记》，《民国春秋》1994年第6期。

3. 司徒慧敏：《历尽坎坷不惜身——追怀田汉同志》，《电影艺术》1979年第3期。

4. 郑大里口述，李菁整理：《我的父亲郑君里》，《三联生活周刊》2008年第9期。

5. 张军：《田汉的漂泊意识与南国社的波希米亚精神》，《戏剧艺术》2004年第1期。

6. 赵铭彝：《左翼戏剧家联盟是怎样组成的》，《新文学史料》1978年第1期。

7. 赵铭彝：《回忆南国艺术学院》，《戏剧艺术》1979年增刊第1期。